Pra tudo começar na quinta-feira
o enredo dos enredos

LUIZ ANTONIO SIMAS
FÁBIO FABATO

Pra tudo começar na quinta-feira

o enredo dos enredos

mórula
EDITORIAL

REVISÃO
Suzana Barbosa

ILUSTRAÇÕES
As ilustrações que compõem esta obra são de Fernando Pamplona para o livro "O Encarnado e o Branco" e acabaram não sendo utilizadas na ocasião. Elas foram cedidas gentilmente pela família do carnavalesco para a presente edição.

CIP-BRASIL. CATALOGAÇÃO NA PUBLICAÇÃO
SINDICATO NACIONAL DOS EDITORES DE LIVROS, RJ

S598p Simas, Luiz Antonio, 1967
Pra tudo começar na quinta-feira: o enredo dos enredos / Luiz Antonio Simas, Fábio Fabato. – 1. ed. – Rio de Janeiro : Mórula, 2015.
180 p. : il. ; 21 cm.

Inclui bibliografia
ISBN 978-85-65679-28-2

1. Carnaval – Brasil. 2. Cultura popular – Brasil. I. Fabato, Fábio. II. Título.

14-18579 CDD: 394.250981
CDU: 394.25(81)

R. Teotônio Regadas, 26/904 – Lapa – Rio de Janeiro
www.morula.com.br | contato@morula.com.br

Para Candida, companheira de vida e avenida.

Luiz Antonio Simas

Dedico este livro ao meu pai, Antero, parceiro de todas as jornadas, melhor amigo e entusiasta, à minha mãe, Lêda, à minha irmã, Lívia, aos grandes amigos e a dois Fernandos, Pamplona e Pinto, inspirações e enredos eternos para minha vida. Evoé!

Fábio Fabato

ÍNDICE

PREFÁCIO 8

Mergulho no túnel do tempo da minha própria história

APRESENTAÇÃO 12

PRIMEIRA PARTE 16

A INSPIRAÇÃO DO POETA É O ENREDO

Pedagogia de massas

A receita do sarapatel 17
A pátria de fantasia 20
Meu Brasil brasileiro 25
Chapas-brancas em escolas negras 27

A Mama África no Brasil do samba

Tempos de liberdade 30
Guerreiro da Troia negra ou pai João? 33
Tem xirê na avenida 37

A cidade, com a licença dos orixás, pede passagem

400 anos na avenida 40
A Rainha de Sabá apareceu no Brasil gigante 43
Este é um país que vai pra frente 46
Afrontando o gigante 49
Um touro negro passeia nos Lençóis 51

Democracia e cotidiano: sambando na Nova República

Na feira com a cabrocha Lili 54
O caldeirão de 1985 57

Me dá um dinheiro aí

Globalização: introdução ao conceito 61
O samba globalizado 63

68 SEGUNDA PARTE

OS ARTISTAS DO POVO

Começa a Santíssima muito mais que Trindade

69 A carta que selou um destino
71 O pai de todos
76 O arlequim

E chegam o mendigo, a colombina, a rosa e o pinto

82 O mendigo
84 A colombina
88 A rosa
91 O pinto

Os filhos do quilombo vermelho começam a voar

95 Licença forçada
98 O aprendiz é campeão

Extravazam-se as fronteiras do quilombo vermelho: a hora e vez de outros quilombos

104 O palpite certo
107 Pais e filhos
117 Partiu de Padre Miguel com destino a Ramos

Seguem os Oitenta, gênios soltos no asfalto

126 Samba S.A.
128 Arlequinadas
132 Sou independente, vou a qualquer lugar
139 O fruto de uma imaginação

Vira, virou, Noventa chegou

147 O rei está nu
149 *High* Renato
152 *La vie en rose*
155 O cravo e a rosa
160 *Big Bang* e o renascimento do mendigo

Eis os 2000, das comissões, dos patrocínios e de um renovador

165 Arte x caça-níquel
168 Paulo Barros, o renovador

176 REFERÊNCIAS BIBLIOGRÁFICAS

PREFÁCIO

Mergulho no túnel do tempo da minha própria história

ROSA MAGALHÃES

FOI COM MUITA CURIOSIDADE que li o livro de Fábio Fabato e Luiz Antonio Simas sobre enredos de escolas de samba, isto é, o ponto de partida das escolas de samba para cada um de seus carnavais.

Como não costumava assistir a esses espetáculos antes da década de 1970, e tendo iniciado a atividade de carnavalesca nesse período, comecei a comprar e a ler livros sobre o carnaval carioca. Alguns eram interessantes, o do Sérgio Cabral, por exemplo, foi um dos que me introduziram ao assunto. Anos mais tarde, foram publicados volumes sobre a história de cada escola de samba. Consegui comprar alguns. Mas o que observei é que faltavam partes importantes, sobretudo falando dos enredos.

Comecei a ler este livro e foi como um mergulho no túnel do tempo da minha própria história. Hoje, a Cidade do Samba é uma realidade. Alguns reclamam da falta de espaço. Dizem que ficou pequena, mas mal sabem eles o que é verdadeiramente um espaço pequeno...

Voltei, de certa forma, aos trabalhos carnavalescos mais antigos dos quais participei. O movimento do carnaval começava mesmo em setembro ou outubro. O enredo era feito ou apresentado pela escola e aí é que se procurava um lugar para fazer as alegorias. Lugar quase sempre abandonado, poeirento e cheio de goteiras, que a gente mapeava no chão, fazendo círculos com tinta, uma espécie de sinalização de perigo. A Comlurb geralmente emprestava galpões, que eram utilizados para a confecção das alegorias.

Banheiro era um luxo que poucos tinham. Num dos barracões, em Benfica, era um mero ralo e olhe lá. Outros, nem isso, e se o botequim mais perto fechava cedo, o melhor era tomar um café exatamente na hora em que ia fechar – para aproveitar as suas lamentáveis instalações sanitárias. Refeitório, então, nem pensar. O pavilhão de São Cristóvão era o máximo depois de tantas peregrinações (tinha até telefone, o maior luxo), mas pegou fogo... E aí... Invadimos a praia do cais do porto. Algumas escolas, com maior poder financeiro, alugaram espaços perto da Marquês de Sapucaí. Até que finalmente surgiu a Cidade do Samba.

Do mesmo modo como os espaços físicos se modificaram, assim também aconteceu com a forma de desenvolvimento e escolha de temas, músicas e os ritmos.

Este livro retrata as ideias desenvolvidas pelas escolas e seus carnavalescos durante algumas décadas, no Rio de Janeiro. São duas visões de um mesmo fato – o carnaval e seu desenvolvimento.

Os textos de Simas e Fabato – um, historiador, outro, jornalista e cronista – de certa forma se completam. O primeiro analisa sob o aspecto da evolução das agremiações. Já Fabato centra sua caneta no ponto de vista dos criadores. As informações de ambos os autores são preciosas sem serem repetitivas ou maçantes. Não é uma tese universitária, cheia de citações de teóricos. Muito pelo contrário, é um livro que se lê de enfiada, escrito de forma coloquial, quase uma conversa com o leitor. Divirtam-se com os textos!

E desejo vida longa aos autores para que possam continuar escrevendo sobre este assunto tão complexo que é uma escola de samba.

Adorei poder ler o livro em *avant-première*, confesso.

Rosa Magalhães é carnavalesca e foi campeã sete vezes no Grupo Especial do Rio de Janeiro.

APRESENTAÇÃO

VINICIUS DE MORAES, EM PARCERIA com Antônio Carlos Jobim, diz que a felicidade parece a grande ilusão do carnaval: a gente trabalha o ano inteiro / por um momento de sonho / pra fazer a fantasia / de rei, de pirata ou de jardineira / pra tudo se acabar na quarta-feira. A canção de Vinicius e Tom inspirou Martinho da Vila a compor o samba da Unidos de Vila Isabel de 1984, louvando as escolas de samba e a gente empenhada em construir a ilusão dos desfiles.

Este trabalho é resultado da paixão. Somos réus confessos da mesma ilusão fugaz retratada pelos poetas. Seduzidos desde meninos pela cachaça dos batuques e pela exuberância dos desfiles, vivemos o carnaval das avenidas o ano inteiro. Acompanhamos a definição dos enredos, a escolha dos carnavalescos e as disputas de samba com a atenção dos que acham que Momo deveria reinar muito além dos poucos dias estabelecidos no calendário oficial da festa. Queremos mais.

A paixão que nos arrebata transbordou faz tempo os limites do espetáculo e nos levou a estudar e, sobretudo, a compartilhar, debater e divulgar experiências e reflexões sobre o carnaval e o vasto complexo cultural que ele engloba.

Há notáveis trabalhos acadêmicos sobre o universo das escolas de samba e uma série de relatos e reportagens que sistematicamente, e cada vez mais, colaboram com a construção do conhecimento sobre o assunto. Achamos, todavia, que ainda é pouco. Pela importância que o carnaval tem para a sociedade brasileira, muita coisa precisa ser pesquisada e difundida.

Este é um trabalho com um recorte temático e espacial: ele versa sobre os enredos das escolas de samba do Rio de Janeiro e os seus criadores. A primeira parte aborda a conexão que existe entre os enredos das agremiações e os respectivos contextos históricos em que foram apresentados, mostrando como as escolas de samba foram influenciadas nas escolhas e desenvolvimentos dos seus temas pela conjuntura de determinados períodos.

Ao mesmo tempo, dotadas de notável capacidade de assimilação e transformação, as agremiações acabam influenciando essa mesma conjuntura. Não são, portanto, vítimas passivas do contexto ou condicionadas acriticamente por ele; são, antes, agentes ativas da história, interferindo dinamicamente no tempo e no espaço em que estão inseridas.

A segunda parte apresenta e analisa a biografia profissional e a contribuição dos maiores carnavalescos, criadores de enredos, para o crescimento e transformação das escolas de samba do Rio de Janeiro desde 1960, quando a influência desses personagens passa a ser decisiva (e polêmica) para os rumos da festa.

Avisamos de antemão: não almejamos o rigor acadêmico ou a rigidez de alguma verdade estabelecida. Este trabalho passeia por um universo marcado pela oralidade. Não existe, afinal, verdade indiscutível sobre o mundo do samba, ricamente povoado de relatos épicos, mitos e personagens lendários de glórias e tragédias. Mito e história, realidade e fábula, se entrelaçam o tempo inteiro e rodam juntos na mesma saia da baiana.

Sabemos também que não há memória objetiva. Ela sempre pressupõe, quando busca reconstituir uma experiência, distintas interpretações e ressignificações do que foi vivido. A memória sobre determinado evento pode ser fogueira ardente ou brasa que se apaga. O mundo do samba é a prova evidente disso.

Viver o carnaval é, enfim, mergulhar na dramatização, canto, dança e cenografia de dezenas de escolas que cruzam as passarelas. Cada agremiação apresenta a força da imaginação de seus criadores, a destreza de seus ritmistas, a ancestralidade venerável de suas baianas e a paixão de cada um de seus componentes. É isso que faz dos desfiles o maior conjunto de manifestações culturais simultâneas do planeta.

Diante disso, tudo o que for escrito ainda parecerá insuficiente e apenas tangenciará a beleza épica de uma escola de samba tomando o asfalto para descortinar o mundo; bordando os sonhos da velha baiana e dos que participam da festa que acaba na quarta-feira e começa de novo, feito as ilusões que dão sentido à vida, no dia seguinte.

PRIMEIRA PARTE

A INSPIRAÇÃO DO POETA É O ENREDO

Pedagogia de massas

A receita do sarapatel

O SARAPATEL, IGUARIA DE origem portuguesa que se africanizou no Brasil, é um prato que, para ser encarado, exige boa dose de valentia, hedonismo e amor pela aventura. Há quem misture, para fazer o acepipe, tripas e outras vísceras do porco, sangue coalhado, hortelã, pimenta de cheiro, camarão seco, azeite de dendê, leite de coco e outros babados. Deve ser servido com arroz e farinha. O resultado final da mistura, por incrível que pareça, dá uma liga das boas. É por isso que, ousadamente, pode-se afirmar que as escolas de samba cariocas, longe de purezas imaginadas, estão mais para a mistureba de um sarapatel vigoroso. É prato que se ama profundamente ou se repudia com desconforto e dele não se quer nem sentir o cheiro.

A história da criação das primeiras escolas de samba da cidade do Rio de Janeiro é, certamente, uma das páginas mais instigantes da aventura civilizatória brasileira. Para que se entenda melhor a complexidade do negócio, basta ressaltar que as agremiações pioneiras se formam a partir de um verdadeiro sarapatel (olha ele aí!) de referências: os sons das macumbas e batuques cariocas; a tradição carnavalesca de ranchos, blocos e cordões (que, por sua vez, já traziam diluídas inúmeras outras informações em suas origens); e a herança festiva dos cortejos processionais, tais como os festejos da Senhora do Rosário, os ternos de Santos Reis, os afoxés vinculados aos candomblés e as procissões religiosas católicas.

Poucos locais seriam mais propícios ao surgimento das escolas do que a cidade de São Sebastião do Rio de Janeiro, o Oxossi caçador das nossas macumbas. A geografia que mistura morro e asfalto, as tensões entre uma cidade negra – porto de entrada de milhares de escravos vindos da África e ponto de atração para milhares de libertos que chegam ao Rio nos anos imediatamente posteriores à abolição da escravatura, em 1888 – e uma cidade que tentou tirar onda de europeia (a "Paris Tropical" das reformas urbanas capitaneadas pelo prefeito Pereira Passos no início do século XX) possibilitaram que informações culturais de diversos matizes circulassem e produzissem um caldo de cultura peculiar. Tem de tudo na receita carioca.

No caso específico das escolas de samba, há que se considerar ainda que elas surgem entre o final da década de 1920 e início dos anos 1930, período marcado por um dilema desafiador: de um lado, os negros tentavam desbravar caminhos de aceitação social; do outro lado, na tocaia, havia um Estado disposto a disciplinar as manifestações culturais dos descendentes de escravos, vistos constantemente como membros de "classes perigosas" que precisavam ser controladas. É desse encontro entre o desejo de aceitação social das camadas populares urbanas e o interesse disciplinador do Estado que surgem as primeiras escolas de samba cariocas.

Mais do que manifestações explícitas de resistência, as escolas de samba inserem-se em um contexto em que, conforme assinala Augras, "o desejo de brilhar será acompanhado pela preocupação em obedecer às regras do jogo. Em certo sentido, pode-se observar que o desenvolvimento das escolas de samba, até chegar à atual feição de 'maior espetáculo da terra', é pautado por episódios sucessivos de docilidade, resistência, confronto e negociação, pondo em cena diversas modalidades de solução para o conflito entre desejo e necessidade, entre a expressão genuína e o atendimento às exigências dos diversos patrocinadores, sejam eles ligados ao Estado, à indústria turística ou à contravenção" (1998:38).

No caso específico deste ensaio – os enredos desenvolvidos pelas escolas de samba em seus desfiles e a trajetória dos seus grandes artistas –, devemos considerar que a dramatização do cortejo, com o canto, a dança e o aparato visual, já está presente nos desfiles dos ranchos e grandes sociedades. Em 1909, por exemplo, o Jornal do Brasil organizou a primeira disputa entre os ranchos da cidade. O regulamento já previa que os ranchos apresentassem um tema desenvolvido com abre alas, comissão de frente, alegorias, mestre de canto, coro feminino, mestre-sala e porta-estandarte, figurantes, corpo coral masculino e orquestra. O babado futuro, que literalmente vai dar samba, começa a ser rabiscado ali.

Fez fama, nesse contexto, a apresentação do Ameno Resedá no carnaval de 1911. O rancho chegou a se apresentar para o presidente da República, o marechal Hermes da Fonseca, com o enredo *Corte de Belzebu*, dramatizando um inferno muito atraente, repleto de simpáticos diabos e formosas diabinhas e embalado por uma orquestra de sopros. O presidente, segundo testemunhos, gostou do que viu e julgou a experiência nas profundas do capeta como algo mais tranquilo do que o exercício do poder federal (Mussa e Simas, 2010:12).

O escritor Coelho Netto, romancista e cronista daquela cidade do Rio de Janeiro que almejava os ares parisienses, revelou-se um entusiasmado adepto do papel pedagógico dos ranchos. O imortal (Netto adorava se exibir como membro da Academia Brasileira de Letras) via o desfile dos ranchos como uma manifestação carnavalesca disciplinada, distante do fuzuê perigoso dos entrudos e blocos de arengas, e capaz de difundir valores patrióticos de exaltação à nacionalidade em seus cortejos.

As escolas de samba são tributárias, portanto, das tradições estabelecidas pelos ranchos. Inovam de cara, porém, em ao menos três aspectos fundamentais: a dança espontânea do samba substitui a coreografia rígida dos ranchos; o canto das baianas se impõe ao coro das pastorinhas; o samba urbano carioca com sua harmonia e cadência, codificado pelos bambas do Estácio de Sá, se consolida como a trilha sonora das agremiações. Estava começando uma das maiores aventuras da cultura brasileira, expressão poderosa de reinvenção da vida pela festa.

A pátria de fantasia

NÃO HAVIA, NOS PRIMEIROS tempos dos concursos, uma ligação necessária entre o enredo proposto pela agremiação, o aparato visual do cortejo e os sambas apresentados. Uma escola de samba podia, por exemplo, fazer um enredo sobre a Festa do Bonfim na Bahia, desfilar com fantasias de nobres da corte com perucas à Luís XV e cantar um samba sobre o amor por uma cabrocha ou o entardecer no Morro de São Carlos.

É fato recorrente na historiografia das escolas de samba que o desfile que, de certa forma, sistematiza a união entre enredo, visual e samba é o da Portela, no carnaval de 1939 (Barboza e Santos, 1989:112).

Aquele carnaval teve Paulo Benjamin de Oliveira, o Paulo da Portela, como protagonista. Foi dele a ideia de apresentar o enredo *Teste ao samba*. Além de desenvolver o enredo, Paulo fez o samba e foi responsável pela harmonia da escola. No dia do desfile, apresentou-se como um professor que distribuía diplomas aos alunos na frente da comissão julgadora. A escola apresentou um quadro-negro como alegoria, onde se lia a sentença "Prestigiar e amparar o samba, música típica e original do Brasil é incentivar o povo brasileiro".

Os figurinos, desenhados por Lino Manoel Reis, figura imprescindível nos anos de ouro portelenses, e a apresentação da escola entusiasmaram Ary Barroso, membro do júri, a ponto de o autor de *Aquarela do Brasil* deixar o posto dos jurados e descer para examinar de perto os diplomas que Paulo da Portela distribuía. Há quem diga que algumas canjebrinas a mais também colaboraram para a efusão de Ary Barroso.

Teste ao samba é a primeira referência que existe a uma dramatização completa do cortejo das escolas de samba, do primeiro ao último componente, de acordo com o enredo proposto. Alguns estudiosos do carnaval consideram ainda que o samba que embalou a apresentação da escola é um dos primeiros sambas-enredo da história, já que a letra retrata fielmente o espetáculo visual apresentado pelo professor Paulo e seus alunos. Ainda que consideremos impossível estabelecer qual foi o primeiro samba-enredo do carnaval (a linha evolutiva e a codificação do samba-enredo, como a de qualquer outro gênero musical, é tributária de inúmeras contribuições), vale registrar a obra seminal do fundador portelense:

> Vou começar a aula
> Perante a comissão
> Muita atenção, eu quero ver
> Se diplomá-los posso
> Salve o fessor
> Dá nota a ele, senhor
> Quatorze com dois, doze
> Noves fora, tudo é nosso [...]

A Portela ganhou a disputa, com a Mangueira e a Unidos do Tuiuti chegando, respectivamente, na segunda e na terceira colocações. Era uma espécie de sinal da hegemonia que os portelenses construiriam nos carnavais da década de 1940, com um heptacampeonato até hoje não igualado por qualquer agremiação (1941-1947).

Desde logo, porém, o que se destacou naqueles primeiros tempos foi a exigência de enredos que tratassem de temas nacionais (iniciativa que, ao contrário do que grassa em várias análises, não partiu do Estado, mas das próprias agremiações em sintonia com ele). A primeira vez que um regulamento do desfile introduziu a exigência de temas nacionais ocorreu no carnaval de 1938. O regulamento proposto pela União das Escolas de Samba, seguindo a cartilha da exaltação nacionalista da Era Vargas em evidente tentativa de legitimar as agremiações, estabelecia que "não serão permitidas histórias internacionais em sonhos ou imaginação" (Cabral, 1996:117-118). Tal perspectiva gerou a desclassificação da Vizinha Faladeira, que desfilou naquele ano com o enredo *Branca de Neve e os sete anões*, baseado no desenho de Walt Disney.

A intervenção do poder público nas escolas aprofundou-se bastante ao longo da década de 1940. As agremiações passam cada vez mais a ser vistas pelos manda-chuvas da política como canais de promoção de certa pedagogia de exaltação aos valores da pátria. Os enredos e os sambas teriam o caráter de instrumentos civilizadores das massas.

Um dos exemplos mais contundentes desse viés pedagógico se estabelece no Carnaval da Vitória, conforme ficou conhecida a festa de 1946, marcada pelas comemorações da participação brasileira nas batalhas ao lado dos Aliados, contra o nazi-fascismo, na Segunda Guerra Mundial. A simples lista de alguns enredos daquele ano sugere a verdadeira apoteose patriótica do momento em que o ufanismo estava nas alturas: Portela, *Alvorada do Novo Mundo*; Mangueira, *A nossa história*; Azul e Branco do Salgueiro, *Cruzada da vitória*; Império da Tijuca, *Aos heróis de Monte Castelo*; Prazer da Serrinha, *Conferência de São Francisco*; Não é o que Dizem, *Chegada dos heróis brasileiros*; Depois Eu Digo, *A tomada de Monte Castelo*; Paz e Amor, *Mensageiro do samba na Assembleia das Reparações*; Unidos da Tijuca, *Anjo da paz*; Vai Se Quiser, *Pela vitória das armas do Brasil*; Fiquei Firme, *Somos da vitória*; Unidos do Salgueiro, *Recordando a história* (Cabral, 1996:142).

Ainda na década de 1940, o radialista Silvio Moreaux afirmou, ressaltando a função pedagógica dos enredos das escolas de samba, que eles poderiam ser "uma maneira inteligente de livrar o nosso povo das ideias africanistas que lhe são impingidas" (Cabral, 1974:116). Estabeleceu-se, assim, um brasileiríssimo paradoxo, digno das nossas maiores contradições: o samba, um ritmo de bases africanas, deveria servir, a partir de uma pedagogia dos enredos, para livrar o povo das ideias africanistas.

Em 1947, já durante a vigência do breve período democrático que seria interrompido em 1964, a obrigatoriedade dos temas nacionais foi reforçada, com nítida interferência do Estado, no governo do marechal Eurico Dutra, no regulamento. No ano seguinte, uma pequena (mas significativa) mudança no regulamento aprofundava essa perspectiva: os enredos não apenas deveriam versar sobre motivos nacionais, como teriam que obedecer a finalidades nacionalistas.

Em tempos iniciais da Guerra Fria, o confronto que vinculou o Brasil ao bloco capitalista liderado pelos Estados Unidos, em oposição ao socialismo soviético, não bastava, portanto, que o enredo fosse nacional. Era necessário que ele obedecesse aos interesses da elite dirigente do país.

Tal mudança certamente repercutia o evento realizado no dia 15 de novembro de 1946, em que 22 escolas de samba desfilaram no campo de São Cristóvão patrocinadas pelo jornal Tribuna Popular, órgão oficial do Partido Comunista Brasileiro (legalizado pouco tempo antes). O maior homenageado daquele concurso atípico foi o comunista Luís Carlos Prestes, eleito senador nas eleições legislativas recentes. Pouco depois, adotando uma política externa baseada no alinhamento automático com os norte-americanos, o Brasil rompia com a URSS e os comunistas eram cassados. Estabelecer que os enredos devessem ter "finalidades nacionalistas" certamente afastava os riscos de outras exortações inconvenientes à nova geopolítica mundial, como aquela a Prestes, o comunista mais famoso do Brasil.

A partir, também, dos regulamentos da década de 1940, as escolas de samba não teriam mais a liberdade de se exibir cantando mais de um samba, com temática livre, durante o desfile. A proposta que se consolidava– a de um carnaval com finalidades pedagógicas explícitas – estabelecia que os enredos nacionalistas fossem devidamente ilustrados com sambas adequados. Com pequenas variações, a exigência de temas nacionais permaneceu até a década de 1990. Foi abolida em 1997, quando a Acadêmicos da Rocinha desfilou com o enredo *A viagem fantástica de Zé Carioca à Disney*. Na sinopse de apresentação do enredo, a agremiação da Rocinha afirmava que "o carnaval do Rio de Janeiro terá pela primeira vez em sua história uma escola de samba desfilando com um motivo internacional".

A pioneira *Branca de Neve da Vizinha Faladeira*, nos românticos anos 1930, não deve ter gostado da onda que a Rocinha tirou.

Meu Brasil brasileiro

É EVIDENTE QUE A INTRODUÇÃO da temática nacional exigida nos enredos – nesse diálogo constante entre sambistas e Estado – está inserida em um longo debate que se travava à época e influenciou as escolas de samba. A década de 1930 trouxe mudanças profundas para o Brasil; na política, na economia, na sociedade e na cultura. A Era Vargas (1930-1945) representava o fim do domínio político das oligarquias cafeeiras, o início do processo de industrialização de base, os passos decisivos da transição entre uma sociedade rural e uma sociedade urbana e a cristalização de um novo paradigma para se pensar a identidade nacional. Afinal de contas, eis a questão que se colocava: o que nos identifica exatamente como brasileiros?

Nesse sentido, o ensino da história adquiria conotações bastante específicas. Era necessário buscar no estudo do passado uma linha de continuidade que, mais do que explicasse, legitimasse o presente. Nas escolas públicas, era estimulado o estudo descritivo de grandes efemérides e dos feitos memoráveis dos heróis da nação.

A Era Vargas trazia, também, uma nova maneira de se pensar a mestiçagem. Durante, sobretudo, os primeiros anos do pós-abolição, na virada entre os séculos XIX e XX, prevaleceu a ideologia do branqueamento racial, fundamentada em doutrinas então em voga. Tal princípio, que seduziu intelectuais e homens do poder, defendia a ideia de que o Brasil precisava apagar de sua história as heranças físicas e culturais da escravidão. Fisicamente, a entrada de imigrantes europeus teria o poder de branquear o brasileiro. Culturalmente, criminalizou-se a cultura dos descendentes de africanos, em especial com a aprovação da Lei de Vadiagem de 1890, com a repressão aos batuques, práticas religiosas, danças etc. A mestiçagem, portanto, era encarada como um elemento de degeneração da nacionalidade.

Durante aquele período varguista, por uma série de fatores que escapam aos objetivos deste trabalho, prevaleceu o discurso, que já se ensaiava há alguns anos na reflexão dos modernistas, de que o Brasil tinha na mestiçagem um possível elemento definidor de sua identidade. De fator degenerativo, a mestiçagem passou a ser encarada como um traço definidor do caráter brasileiro. Tal discurso, porém, em geral, vinha acompanhado de um abrandamento das tensões raciais. Aquela ideologia da mestiçagem que começava a ser propagada pelo Estado varria para debaixo do tapete a constatação de que a violência permeara o tempo inteiro as relações sociais entre brancos, negros e índios.

Com essa nova perspectiva, a Era Vargas buscou legitimar as manifestações da cultura afro-brasileira como componentes fundamentais da identidade nacional. Ao fazer isso, buscava, certamente, manter essas manifestações sob o controle do poder público, domesticando-as e tirando delas, na medida do possível, os elementos africanos mais explícitos. O samba se insere nesse processo, assim como a capoeira e as práticas religiosas do candomblé e da umbanda.

Para os governos, nada melhor, nessa perspectiva, do que agremiações oriundas das camadas pobres, compostas majoritariamente por negros, colocadas a serviço da difusão pedagógica de uma história oficial repleta de grandes efemérides e atos de heroísmo, amenizadoras de tensões raciais e sociais entre os brasileiros. O negro conta a história do branco.

Para os sambistas, por sua vez, jogar o jogo e contar a história oficial era uma excepcional oportunidade de legitimar as escolas de samba e vivenciar, sem o peso da criminalização, entre conflitos e negociações, as tradições comunitárias das culturas da diáspora africana nelas diluídas.

Chapas-brancas em escolas negras

OS EXEMPLOS DE ENREDOS com a perspectiva que chamaremos aqui de "chapa-branca" são inúmeros. Alguns personagens, especialmente, viraram figurinhas fáceis nas avenidas: Tiradentes (o mais citado), Duque de Caxias, Santos Dumont, almirante Tamandaré, Castro Alves, Rui Barbosa, Oswaldo Cruz, Pedro Américo, bandeirantes desbravadores, Gonçalves Dias, poetas árcades, inconfidentes, general Osório, Dom Pedro I, Dom Pedro II, Princesa Isabel, e similares. Nenhum desses personagens, admitamos, aparentemente gostaria de um desfile de escola de samba.

Mas não foram apenas os heróis. Destacam-se nesse panorama, também, os enredos que exaltam a natureza brasileira; tanto aquela natureza selvagem, com enredos destacando as nossas matas, vegetais, paisagens e pássaros; como os que falam da natureza trabalhada, com emocionadas evocações ao solo plantado, ao gado que pasta e ao subsolo repleto de pedras preciosas e petróleo (Augras, 1998:162).

Certos eventos também parecem ter seduzido com mais constância as agremiações. A proclamação da Independência, a Inconfidência Mineira, a chegada da corte de Dom João, a fundação do Rio de Janeiro, o descobrimento do Brasil e as batalhas da Guerra do Paraguai aparecem com mais constância do que qualquer evocação, por exemplo, aos morros cariocas, redutos de sambistas.

É curioso notar que, nos dias atuais, há certo discurso saudosista (justificável, diga-se) que lamenta a proliferação recente de enredos patrocinados. Um dos argumentos é o de que os enredos são pouco carnavalescos, beirando o estapafúrdio. Especificamente nesta argumentação, ocorre certa mitificação do passado que merece ser questionada. A rigor, os enredos das escolas de samba, sobretudo nas primeiras décadas dos desfiles, não tinham também nada de propriamente carnavalescos.

Alguém imagina o Duque de Caxias (um sujeito que certamente nunca requebrou as cadeiras) mandando ver no ziriguidum? Ou a Princesa Isabel, carola recatada, no balacobaco? Existe alguma coisa menos carnavalesca do que a carnificina da Guerra do Paraguai, o trololó da batalha naval do Riachuelo ou o enforcamento de Tiradentes? Admitamos que retratar uma execução penal na forca, como fez brilhantemente o Império Serrano em 1949, não dá samba. Mas, entretanto, deu. E dos bons.

A resposta para a aparente contradição, talvez, esteja na própria natureza das escolas de samba e nas vicissitudes do tempo em que elas se situam. Em um Brasil que, em meados do século XX, buscava legitimar – com relutâncias, tensões, contradições, embates, manipulações, silêncios e batuques – certos discursos identitários, as agremiações não tinham a função única de brincar o carnaval.

Para os componentes, as escolas eram espaços de convívio, projeções de anseios, construção e reconstrução de elos comunitários, elaboração de símbolos e maneiras de experimentar a vida. Para os homens do poder, as agremiações funcionavam como livros didáticos para uma população sem livros didáticos, com precário contato com a cultura formal, escrita dentro de cânones ocidentais. Uma pedagogia disciplinadora, em suma. Os enredos, evidentemente, e os sambas deles decorrentes eram a chave desse processo de adequação.

A partir de certo momento, todavia, o rumo dos ventos começou a alterar o destino das embarcações e mais um aparente paradoxo, fascinante e provocativo, se desenhou: as escolas de samba começaram a embranquecer do ponto de vista de seus contingentes, sobretudo com a chegada de setores provenientes da classe média urbana às quadras e avenidas (consequência natural – para os mais críticos, um efeito colateral – da legitimidade que os desfiles conseguiram, na esfera das negociações com o poder e a mídia, alcançar). Os enredos começaram, todavia, a experimentar uma ousadia: contar as histórias dos negros.

A Mama África no Brasil do samba

Tempos de liberdade

DENTRE OS VÁRIOS FATORES que marcaram as relações geopolíticas e o panorama cultural das décadas de 1950 e 1960, um dos mais significativos foi a eclosão dos movimentos de independência no continente africano. Em um contexto ainda marcado pela Guerra Fria, o crescimento dos movimentos de libertação nacional colocou a África em evidência e redimensionou aqui a importância do legado africano para o Brasil. A Mama África começou a ser reconhecida, imaginada, mitificada, reconstruída e inventada nas avenidas brasileiras.

Em breve síntese histórica, cabe lembrar que o continente africano foi gradualmente partilhado, desde meados do século XIX, em colônias e áreas de influência dos países imperialistas, notadamente a Inglaterra e a França. A Conferência de Berlim (1884/1885), especialmente, foi o ápice dessa tentativa de se definir regras que dispusessem sobre a divisão da África pelas potências coloniais de forma ordenada. O mapa da partilha interferiu barbaramente na organização social e cultural dos territórios, desarticulou economias comunitárias, separou grupos tradicionalmente aliados, uniu inimigos em fronteiras artificiais e é uma das razões para várias mazelas que ainda marcam o continente africano no século XXI.

Após a Segunda Guerra Mundial, o declínio das metrópoles e o crescimento das lutas de libertação redefiniu a história africana. Para exemplificar a dimensão do processo, basta dizer que em um único ano, 1960, 17 ex-colônias proclamaram a independência. Ao lado de países asiáticos que também conquistaram a autonomia, os africanos formaram, na Conferência de Bandung, de 1955, o bloco terceiro-mundista, assumindo compromissos em torno da luta contra o imperialismo, contra o racismo, pela valorização das culturas locais e pela autodeterminação dos povos.

Essa pequena digressão nos leva a constatar que a primavera terceiro-mundista repercutiu, no plano da cultura, em uma maior valorização – entre artistas da Europa e da América – das obras de arte, da arquitetura, da filosofia, da música e das religiosidades africanas. O mundo lançava outros olhares sobre o continente espoliado. Artistas da vanguarda europeia se declaravam impressionados, por exemplo, com as criações em cobre e bronze de Igbo Ukwu, civilização que existiu na região oriental da Nigéria entre os séculos IX e X; com as máscaras de terracota de Ilê Ifé, a cidade sagrada dos iorubás; com os inkices do Congo (objetos materiais que invocavam as divindades do Congo-Angola); com os trabalhos em argila e ferro de Abomey, cidade do Benin que, a partir do século XVII, foi a capital do reino do Daomé; e com as esculturas e máscaras primorosas dos artistas da tribo Makonde, povo dos planaltos do norte de Moçambique e do sul da Tanzânia (Mello e Souza, 2006:36-37).

Aqui no Brasil, a percussão dessa espécie de tambor da descoberta africana ecoou com força. No campo das Ciências Sociais, de forma especialmente notável, trabalhos sobre o Quilombo dos Palmares e seu líder, Zumbi, começaram a ser mais sistemáticos.

Na década de 1940, período em que as escolas de samba exaltavam os heróis oficiais, a natureza exuberante e as efemérides da pátria, Edison Carneiro escreveu o clássico *Quilombo dos Palmares*, estudo pioneiro da tentativa de se abordar o quilombo sob uma perspectiva baseada no exame metódico da documentação existente. Escrito durante a ditadura do Estado Novo (1937-1945), o livro de Carneiro foi proibido no Brasil de Getúlio Vargas e acabou publicado primeiro no exterior.

Nas décadas de 1960 e 1970, os ventos mudaram e a onda negra ganhou ares de *tsunami*. Os estudos sobre Palmares começaram a surgir com frequência e diretamente vinculados ao panorama político da época. Destacaram-se Décio Freitas, com *Palmares, a guerra dos escravos*, e Clóvis Moura, com *Quilombos e rebelião negra*. A visão, no contexto citado, do quilombo e de Zumbi foi fortemente ancorada numa perspectiva quase mitológica da resistência de Palmares e de seu líder, apropriado e transformado em uma espécie de símbolo nacional das lutas populares contra o imperialismo.

As escolas de samba, como organismos vivos e em constante diálogo com as circunstâncias, influenciando e sendo influenciadas por elas, também começaram a surfar na onda política, estética, social e religiosa da negritude. A temática negra nos enredos conseguiu, a princípio timidamente, furar o cerco das tropas do Duque de Caxias, até explodir na revolução perpetrada pelo Salgueiro de Fernando Pamplona. Artista plástico e professor de Belas-Artes, Pamplona se tornou uma espécie de ícone das transformações estéticas e temáticas trazidas às agremiações pelos carnavalescos com formação acadêmica. Dele falaremos, com detalhes surpreendentes, na segunda parte deste ensaio.

É importante ressaltar aqui que o enredo negro – cristalizado como tendência pelo Salgueiro de Pamplona e seus discípulos, mas não exclusivamente vinculado à escola tijucana – apresentou duas linhas temáticas bem definidas. Nos anos 1960, prevaleceram os enredos históricos, que priorizavam as lutas pela liberdade e denunciavam os horrores da escravidão. Na década de 1970, o foco principal foi o patrimônio cultural de origem africana. Dentro desse modelo, destacou-se o universo dos candomblés e a mitologia dos orixás do panteão jeje-nagô.

Guerreiro da Troia negra ou pai João?

NA DÉCADA DE 1960 – não por acaso o período em que as lutas pela liberdade nos territórios africanos só fazia crescer e no Brasil, as demandas sociais que desaguaram no golpe civil-militar contra o governo de João Goulart, em março de 1964, se radicalizavam –, algumas escolas de samba, capitaneadas pelo Salgueiro, começaram a apresentar uma visão do negro no Brasil fundada na ideia da resistência ao escravismo e na valorização de uma mitologia heroica dos seus personagens, em contraponto aos heróis militares, cientistas, políticos e escritores, da história oficial. Outras escolas, entretanto, trabalharam em seus enredos a temática negra pelo viés da colaboração com o branco para a formação da cultura brasileira, em uma visão paternalista e amenizadora do cativeiro.

Ao desfilar com o seminal *Quilombo dos Palmares*, no carnaval de 1960, o Salgueiro apresentou uma visão dos quilombolas fundamentada no caráter guerreiro e na defesa tenaz do território rebelde; a Troia Negra nas matas nordestinas. O quilombo é retratado como um oásis de liberdade e tranquilidade (coisa que a historiografia recente já tratou de relativizar bastante) e Zumbi (mencionado no samba como Zâmbi) é o herói sacrificial da epopeia palmarina que, no belíssimo samba de Anescarzinho e Noel Rosa de Oliveira, se precipita do alto da Serra do Gigante ao ver o quilombo destruído pelos bandeirantes de Domingos Jorge Velho.

O mesmo Salgueiro exaltou, nos anos seguintes, personagens à margem da história oficial, notadamente Xica da Silva (1963) e Chico Rey (1964), em perspectiva dominante, como senhores do seu destino. Rui Barbosa, quem diria, começou a perder espaço para a mulata que era escrava e sentiu grande transformação, e para Galanga, o rei do Congo que ao catolicismo se converteu e virou Francisco nas Minas Gerais.

A Mangueira destacou a presença do negro em *Casa-grande e senzala* (1962), ainda que tratasse a escravidão pelo viés da mestiçagem afável e do paternalismo branco – longe, portanto, do viés da rebeldia salgueirense. Em 1964, o enredo da Verde-e-Rosa apresentou a *História de um preto velho*, em que o paternalismo do branco que protege o negro indefeso também se destaca. Comparemos trechos dos sambas dos Acadêmicos e da Estação Primeira para ressaltar a diferença:

> [...] Os escravos fugiram da opressão
> E do jugo dos portugueses
> Esses revoltosos
> Ansiosos pela liberdade
> Nos arraiais dos Palmares
> Buscavam a tranquilidade
>
> [Salgueiro, Quilombo dos Palmares (1960)]

> Pretos escravos e senhores
> Pelo mesmo ideal irmanados
> A desbravar os vastos rincões
> Não conquistados [...]
>
> [Mangueira, Casa-grande e senzala (1962)]

> [...] Chegando à velha Bahia
> Preto velho foi vendido
> Menino a um senhor
> Que amenizou a sua grande dor
>
> [Mangueira, História de um preto velho (1964)]

Outro enredo crucial, naquela década de afirmação da temática afro-brasileira, foi o de Clóvis Bornay para a Unidos de Lucas, em 1968. O título é para lá de pretensioso em sua aparente dimensão totalizante: *História do negro no Brasil*. Não há quem se recorde propriamente desse desfile do Galo de Ouro da Leopoldina, maneira como a agremiação é conhecida pelos sambistas. Já o samba-enredo de Zeca Melodia, Nilton Russo e Carlinhos Madrugada, fez tanto sucesso (é até hoje citado pelos fãs do gênero como um dos maiores da história do carnaval), que uma de suas passagens acabou, inclusive, renomeando o enredo de Bornay: a *História do negro no Brasil* virou o *Sublime pergaminho*.

O enredo da Unidos de Lucas, apesar de enfocar a trajetória do negro no Brasil, acaba destacando o protagonismo do branco. É certo que ressalta – até onde as fontes nos permitem constatar, pela primeira vez no carnaval – o papel das irmandades negras que lutaram pela libertação (Formavam irmandades / em grande união / Daí nasceram festejos / que alimentavam o desejo / de libertação). O enredo termina, porém, enfatizando a figura da Princesa Isabel como a protetora e redentora dos escravos, bem ao gosto da história oficial. O samba retrata essa concepção do enredo na passagem em que José do Patrocínio, o jornalista negro, se ajoelha e beija a mão da filha de Dom Pedro II, enquanto uma voz ecoa na varanda do Paço: "Meu Deus, meu Deus, está extinta a escravidão!"

Metendo a colher nessa massa de vatapá, comida votiva das divindades africanas reinventada no Brasil, há algumas colocações que sintetizam o que estamos sugerindo. Amarremos a argumentação feito o touro bravo no mourão: a primeira delas é a de que a entrada da temática negra no universo das escolas de samba se inscreve, em um contexto mais amplo, no panorama da valorização de culturas e referências estéticas africanas trazidas, em todo Ocidente, pela perspectiva terceiro-mundista afirmada nos movimentos de descolonização. A África, lutando bravamente pela liberdade, estava na moda.

Outro ponto a se destacar é o de que a revolução salgueirense, capitaneada esteticamente por Fernando Pamplona e sua turma, não se destaca exatamente por introduzir o negro nos temas dos desfiles (aqui ou ali, a presença negra começava a aparecer). A grande transformação se refere ao protagonismo conferido ao negro e à descrição visual da história negra com contornos épicos, perfeitamente compatíveis com as demandas políticas e sociais que os anos 1960 apresentaram. Esse deslocamento do protagonismo como tendência, com todas as distorções que compreensivelmente possa apresentar, é, sem dúvidas, mérito da agremiação tijucana. E marcou, para todo sempre, a história do carnaval e da cultura brasileira.

Tem xirê na avenida

PARA OS ADEPTOS DO candomblé, o xirê é a festa em que os orixás, ao som dos atabaques consagrados, são evocados nos cantos rituais e se manifestam dançando pelos corpos das iaôs, as iniciadas no rito. A ordem do xirê estabelece a abertura com Exu, o dono dos caminhos, e o encerramento com Oxalá, o pai maior. Entre esses dois pontos de referência, são louvados os demais orixás do panteão das divindades jeje-nagô.

Há certamente, no senso comum, a impressão de que os orixás sempre foram matéria-prima constante para os enredos de escolas de samba, fazendo da avenida um xirê profano desde os primeiros tempos dos concursos entre as agremiações. Nada mais falso. A primeira vez, até onde as fontes permitem estabelecer, que escolas de samba citam um orixá é no tardio ano de 1966, mais de 30 anos depois dos primeiros desfiles, durante o período da africanização dos temas. A primazia coube a duas escolas: o Império Serrano – agremiação destinada também a pioneirismos de toda sorte – e a São Clemente desfilaram, em grupos diferentes, com enredos sobre a Bahia e citaram Iemanjá (Mussa e Simas, 2010:68).

Em 1967, ano seguinte à citação de Iemanjá que introduziu os orixás no vocabulário dos sambas-enredo, a Unidos de Lucas apresentou o enredo *Festas folclóricas do Rio de Janeiro*. O refrão do samba é o primeiro registrado na história dos desfiles que ousa simular um canto de candomblé nagô (Mussa e Simas, 2010:68):

> Bulaiê, Bulaiê, Bulaiô
> Airá é Xangô, Airá é Xangô
> Agulelê, Agulelê
> Gulê Olorum, Axá Norogô

Já o primeiro enredo monográfico sobre as religiões afro-brasileiras foi o do Império da Tijuca, em 1971, com o *Misticismo da África para o Brasil*. A escola do Morro da Formiga, embalada por um samba espetacular de Marinho da Muda e parceiros, apresentou referências ao candomblé nagô, aos cultos de Angola e à umbanda. A partir daí, como diria o ditado popular, pela porteira em que passou o primeiro boi, passou a boiada inteira. Exemplifiquemos com alguns casos emblemáticos.

Em 1973, a Unidos da Ponte apresentou o enredo *Dança para os orixás* e a União de Jacarepaguá veio com *As sete portas da Bahia de Carybé*; em 1974, a Em Cima da Hora desceu com *Festa dos deuses afro-brasileiros* e a União da Ilha do Governador com *Lendas e festas das iabás*; a Unidos da Tijuca, em 1975, desfilou com o enredo *Magia africana no Brasil e seus mistérios*; em 1976, a Unidos de Lucas apresentou a festa de Iemanjá no *Mar baiano em noite de gala*, a Mocidade Independente de Padre Miguel homenageou Mãe Menininha do Gantois e a Unidos da Tijuca repetiu a dose do ano anterior, com *No mundo encantado dos deuses afro brasileiros*.

O ano de 1977 traz outro marco importante: o Arranco do Engenho de Dentro desenvolveu, com *Logun, príncipe de Efan*, o primeiro enredo monográfico sobre um orixá. Logunedé, o orixá menino dos rios e matas, filho de Oxum e Oxossi, foi o privilegiado. Em 1978, naquele que é, possivelmente, o maior desfile sobre as religiosidades afro-brasileiras, a Beija-Flor veio com *A criação do mundo na tradição nagô*, sob a batuta de Joãosinho Trinta e inspirada no livro *Os nagô e a morte*, da antropóloga argentina radicada na Bahia Juana Elben dos Santos. O Salgueiro apresentou um enredo quase igual, *Do Yorubá à luz, a aurora dos deuses.* A avenida, de fato, virou um xirê. Os exemplos são inúmeros, poderíamos citar dezenas de enredos similares, e inauguram uma tendência que repercute, em menor escala, até hoje.

Há, nessa onda de enredos sobre os cultos sagrados afro-brasileiros e suas divindades, uma questão a ser sugerida: nos anos de 1960, a linha de enredos afro-brasileiros, mais notadamente os vinculados à revolução salgueirense, se inseriam fortemente no *front* das lutas pela liberdade, com um viés de exaltação mítica ao caráter guerreiro e insubmisso do negro no Brasil, em contraponto aos enredos que, na mesma época, investiam no abrandamento das tensões raciais. Com o avanço da censura, e o aprofundamento do regime de exceção instaurado com o golpe de 1964, ocorre certo deslocamento da linha temática, que começa a sair do terreno fértil da história (minado pelo endurecimento do regime autoritário) e se situar mais à vontade no espaço culturalista das mitologias, crenças, costumes e tradições.

A cidade, com a licença dos orixás, pede passagem

400 anos na avenida

A TENDÊNCIA DE ENREDOS afro-brasileiros, estimulada a partir dos resultados da revolução salgueirense do início dos anos de 1960, não nos permite cair na armadilha de uma leitura simplesmente linear da história dos enredos das escolas de samba. Os temas desenvolvidos comportam dilemas, contradições, aparentes anacronismos e notáveis desafios para quem quer estudar o assunto.

A introdução da temática negra, nesse sentido, não significou o abandono de uma linha de enredos mais convencionais, que destacam as efemérides oficiais e os seus personagens. O Salgueiro de Fernando Pamplona quebrou, e nisso talvez resida seu mérito maior, uma quase exclusividade dos enredos laudatórios e ampliou os horizontes de percepção das possibilidades cênicas e temáticas dos desfiles.

Um exemplo de que as efemérides continuaram firmes e fortes aconteceu em 1965. A cidade do Rio de Janeiro completou, na ocasião, os seus 400 anos. Por arte dos santos, caboclos e orixás da carioquice, o aniversário do Rio, comemorado no primeiro dia de março, caiu no domingo de carnaval. O então governador da Guanabara, Carlos Lacerda, investiu maciçamente nas comemorações do IV Centenário e o ano inteiro de 1965 foi marcado por dezenas de iniciativas nesse sentido. O Rio quatrocentão fez a festa.

Vale ressaltar que o jubileu aconteceu em um momento em que a cidade caminhava um pouco desnorteada, em busca da reconstrução da autoestima. O Rio, afinal, sentiu a perda da condição de capital do Brasil para Brasília, em 1960. Nesse sentido, a efeméride caiu como um bálsamo milagroso no peito ferido pelas flechas que não eram as do padroeiro.

A cidade assistiu ao longo do ano a inúmeras iniciativas e eventos comemorativos: criação do Museu da Imagem e do Som, torneio internacional de futebol no Maracanã, exposições, concursos literários, corridas automobilísticas, concurso de beleza, extensa publicação de livros e muito mais. As escolas de samba, é claro, não ficariam de fora da festança. Inseridas na programação do jubileu, e em constante diálogo com o poder público (mediado inclusive pela importância cada vez maior das subvenções dos desfiles), as agremiações de todos os grupos fecharam acordo com o governo para fazer um carnaval temático.

Em relação às escolas do primeiro grupo, os enredos laudatórios ao aniversário da cidade foram os mais diversos e vão abaixo, na ordem de colocação do resultado daquele ano:

[Salgueiro]
História do carnaval carioca

[Império Serrano]
Cinco bailes da história do Rio

[Portela]
Histórias e tradições do Rio quatrocentão, do Morro Cara de Cão à Praça Onze

[Mangueira]
Rio através dos séculos

[Unidos da Capela]
Rio de ontem e hoje

[Mocidade Independente]
Parabéns pra você, Rio

[Aprendizes de Lucas]
Progresso e tradições do Rio

[Império da Tijuca]
Apoteose do Rio de Janeiro

[União de Jacarepaguá]
Carnaval, alegria do Rio

[Imperatriz Leopoldinense]
Homenagem ao Brasil no IV Centenário do Rio

Como ressaltamos, a ideia de um carnaval laudatório, difusor de certa pedagogia de exaltação à cidade aniversariante, não se restringiu ao desfile principal. Nos grupos inferiores, o Rio também foi cantado nas avenidas, por escolas como a Unidos de Vila Isabel, *Epopeia do Teatro Municipal*; Acadêmicos de Santa Cruz, *Rio, quatro séculos de glória*; São Clemente, *Relíquias e memórias do Rio*; Lins Imperial, *Rio através da história*; Paraíso do Tuiuti, *Quatro séculos de glória*; Unidos de Padre Miguel, *Viagem através do Rio*; Unidos de Santa Teresa, *Rio Antigo*; Unidos de São Carlos, *História do Teatro Municipal*; Beija-Flor, *Lei do Ventre Livre*; Em Cima da Hora, *Carnaval do Rio através dos* séculos; Unidos de Manguinhos, *Homenagem ao Corpo de Bombeiros carioca*; Unidos de Nilópolis, *O Rio que o rei encontrou*; e várias outras.

Nenhuma agremiação, todavia, foi direto ao ponto como a União da Ilha do Governador. Com o enredo *De Estácio a Lacerda*, a escola insulana escancarava a homenagem ao governador da Guanabara, numa linha de continuidade que começa com o fundador Estácio de Sá e termina no agradecimento a Lacerda no dia do desfile. Efeméride, pedagogia popular e propaganda política para ninguém botar defeito.

Outro carnaval temático só se repetiria no Rio de Janeiro no ano 2000. Em virtude dos 500 anos da chegada dos portugueses ao Brasil, as escolas de samba fizeram enredos relacionados à história do Brasil, do descobrimento aos tempos recentes.

Passada a festa de 1965, a ressaca dos anos seguintes não foi mole. A ditadura se aprofundou, o próprio Carlos Lacerda (que conspirou ao lado dos golpistas em 1964 e apoiou a queda do presidente João Goulart) acabou na prisão – em caso clássico da criatura que se volta contra um dos seus criadores – e as escolas de samba, sempre em diálogo com as circunstâncias, se prepararam para sambar, entre negociações e conflitos, no sufoco dos anos que foram de chumbo na política, de "milagre" na economia e de censura na cultura.

A Rainha de Sabá apareceu no Brasil gigante

O ANO DE 1968 foi daqueles em que a viração tomou conta do Brasil e do mundo. Lá fora os estudantes franceses, em maio, ocuparam Paris lembrando que é proibido proibir; os *hippies* do norte da América balançaram as cabeleiras contra a violência da guerra no Vietnã; Alexander Dubcek anunciou a chegada da primavera em Praga e despertou a fúria das foices e martelos soviéticos; Bob Kennedy e Martin Luther King foram assassinados; a repressão policial a um protesto de estudantes deixou mais de 200 mortos no Massacre de Tlatelolco, na Cidade do México.

O clima no Brasil não foi diferente: José Celso Martinez Corrêa dirigiu *Roda Viva*, a peça de Chico Buarque de Holanda, e o Comando de Caça aos Comunistas invadiu o teatro para espancar o elenco; a polícia militar matou o estudante Edson Luís depois de um confronto no restaurante carioca do Calabouço; o movimento estudantil organizou, contra o autoritarismo dos governos militares, a passeata dos 100 mil; a casa de Dom Helder Câmara, visto pela ditadura como um bispo comunista, foi metralhada no Recife; operários de Contagem e Osasco fizeram greves históricas; a atriz Norma Bengell foi sequestrada e espancada por policiais em São Paulo; Tom Jobim e Chico Buarque receberam vaia estrondosa no Festival Internacional da Canção, vencido pela dupla com *Sabiá*, já que a plateia preferia *Pra não dizer que não falei de flores*, o petardo panfletário de Geraldo Vandré contra os militares.

Ainda tem mais naquele ano que, segundo a feliz expressão do jornalista Zuenir Ventura, não terminou: enquanto Nelson Rodrigues ironizava os padres de passeata, as estagiárias da PUC e a grã-fina das narinas de cadáver que não entendia bulhufas de futebol, Caetano Veloso e Gilberto Gil sistematizavam a retomada antropofágica da Tropicália – absorvendo as referências dos movimentos de contracultura que abalavam as convicções do mundo – e Hélio Oiticica provocava os doutores do cânone com a "antiarte por excelência" dos parangolés – capas feitas com tecido, borracha, papel, cola, tinta e outros babados. Para acabar com o que era doce, em um sítio de Ibiúna, no sul de São Paulo, cerca de mil jovens, que participavam do Congresso da União Nacional dos Estudantes, foram presos por soldados da Força Pública e policiais do DOPS.

O resultado do furdunço de 1968 é conhecido: o governo do marechal Arthur da Costa e Silva lançou, no dia 13 de dezembro, o Ato Institucional número 5 (AI-5). O pretexto para o lançamento foi a recusa da Câmara dos Deputados em autorizar a abertura de processo contra o deputado Márcio Moreira Alves, que fizera vigoroso discurso de oposição às Forças Armadas. Moreira Alves, dentre outras coisas, propôs o boicote à parada militar da Independência, no dia 7 de setembro, e sugeriu que jovens não bailassem com cadetes em festas de debutantes.

O AI-5 dava ao presidente o poder de decretar o recesso do Legislativo, cassar mandatos, confiscar bens, suspender direitos constitucionais e proibir manifestações públicas. Suspendia o *habeas corpus* para delitos de natureza política, decretava a liberdade vigiada e estabelecia a censura prévia à imprensa, à música, ao teatro e ao cinema.

É evidente que as escolas de samba não passariam imunes aos "anos de chumbo" que se iniciavam com o ato. Os enredos e sambas, particularmente, seriam os mais atingidos pela vaga reacionária. Entre adesões, desconfortos, protestos velados, saídas delirantes e a assepsia da neutralidade conveniente, o carnaval e seus inventores teriam que se reinventar. Teremos menos Zumbi e mais Xangô. Menos história e mais mito. E começará o duelo entre certo gigante pra frente a evoluir e os delirantes negrinhos de olhos verdes da Rainha de Sabá.

Este é um país que vai pra frente

A INSTAURAÇÃO DO REGIME de exceção em 1964, aprofundado em seu caráter repressivo a partir de 1968, repercutiu nos enredos das agremiações cariocas; sobretudo na primeira metade da década de 1970, quando a ditadura surfou na onda desenvolvimentista do "milagre brasileiro". A máquina de propaganda, estimulada pela presença cada vez mais constante da televisão no cotidiano dos brasileiros, azeitou-se em torno de *slogans* como "Pra frente, Brasil", "Ninguém segura este país", "O gigante despertou" e outras patriotadas de gosto duvidoso.

Naqueles tempos, Dom e Ravel cantavam *Eu te amo, meu Brasil*; Os Incríveis gravavam *Este é um país que vai pra frente*; o jornalista Amaral Neto (entusiasta do regime) fazia estranho vínculo em seu programa televisivo entre o crescimento econômico e a força da pororoca do rio Negro; o fusca desbravava a rodovia Transamazônica; a ponte Rio-Niterói rasgava as águas da Guanabara; as hidrelétricas gigantes garantiam o fornecimento de energia para sustentar o crescimento econômico; e o Sujismundo ensinava às crianças, pelo péssimo exemplo de quem não queria tomar banho, que povo desenvolvido é povo limpo.

O futebol se lambuzava de política, com o escrete canarinho pintando o sete na Copa do Mundo de 1970. Tchecoslováquia, Inglaterra, Romênia, Peru, Uruguai e Itália foram caindo diante da seleção brasileira. Carlos Alberto Torres ergueu a Jules Rimet, conquistada definitivamente após a sapatada de 4 x 1 nos italianos, e a equipe – cheia de militares na comissão técnica – foi recebida no Brasil por um eufórico presidente Garrastazu Médici, que tinha fama de gostar do futebol, enquanto o coro comia nos porões.

Seguindo esse ritmo, várias escolas de samba embarcaram na onda dos enredos ufanistas, sem maiores pudores. Nenhuma surpresa, se considerarmos as relações tensas e intensas que marcam o convívio entre as agremiações e o Estado ao longo da história.

A expectativa dos militares em relação ao que as escolas de samba poderiam fazer era claríssima. Em sua edição de 13 de outubro de 1970, o Jornal do Brasil noticiava uma viagem que o presidente da Associação das Escolas de Samba do Estado da Guanabara, Amauri Jório, fez aos poderosos de Brasília, com o intento de conseguir auxílio financeiro para as agremiações. O Planalto, segundo o jornal, teria sugerido que as escolas não desfilassem apenas com temas antigos, mas também com "assuntos que interessam ao progresso atual do país".

Há aqui a necessidade de se fazer certa reparação. Na historiografia do samba, costuma-se atribuir à Beija-Flor de Nilópolis a pecha de agremiação chapa-branca (talvez seja melhor dizer "chapa verde-oliva") da ditadura, com enredos de louvação ao Brasil dos militares.

Admitamos a escola nilopolitana merece a fama. A Beija-Flor, afinal, emendou uma homenagem ao Mobral – o programa de alfabetização do governo Médici – (*A educação para o desenvolvimento*, de 1973); uma inacreditável profecia sobre o Brasil como potência do segundo milênio, com direito a exortações à Transamazônica, ao turismo, ao petróleo e ao folclore altaneiro (*Brasil ano dois mil*, de 1974); e a comemoração pelos dez anos do golpe (*O grande decênio*, 1975), com um samba beirando o inacreditável que saudava o PIS e o Pasep, o Mobral e o Funrural, programa de auxílio estatal ao pequeno lavrador.

Debaixo desse angu, todavia, tem mais caroço. Ainda que mereça destaque, a Beija-Flor não surfou sozinha neste mar adesista. A lista de enredos afinados com o regime, que naquele momento surfava na onda da popularidade do crescimento econômico e controlava os meios de comunicação de massa, é significativa. Apenas para exemplificar os temas que, em maior ou menor escala, namoraram o gigante pra frente dos militares, eis uma listinha: *Brasil, berço de riquezas* (União do Centenário, 1970); *Modernos bandeirantes* (Mangueira, 1971); *Ouro verde* (Manguinhos, 1971); *Brasil das duzentas milhas* (Unidos de Lucas, 1972); *Laços de amizade* (Cabuçu, 1972); *Brasil, a flor que desabrocha* (Caprichosos de Pilares, 1972); *Martim Cererê* (Imperatriz Leopoldinense, 1972); *A outra força do Brasil* (Grande Rio, 1972); *Brasil, explosão do progresso* (Império da Tijuca, 1973); *Brasil, glórias e integração* (Tupy de Brás de Pina, 1976); *Riquezas áureas da nossa bandeira* (Tupy de Brás de Pina, 1976).

Afrontando o gigante

VEZ POR OUTRA, ALGUMA escola furava o cerco, desafinava do coro dos contentes e ousava em seus enredos críticas, ainda que veladas, ao regime autoritário. O Salgueiro desfilou em 1967 (um pouco antes do AI-5, portanto) com *A história da liberdade no Brasil*. Os ensaios da escola foram monitorados pelos agentes do DOPS, o Departamento de Obra Política e Social (Costa, 2003:101). O Império Serrano, agremiação nascida sob o signo da rebeldia no final da década de 1940, ousou desfilar em 1969 com o enredo *Heróis da liberdade*. No trecho final do samba, a palavra "revolução", por interferência dos censores, virou "evolução". Em 1974, a Unidos de Vila Isabel desenvolveu o tema *Aruanã Açu*, sobre os índios Carajás. Originalmente, a proposta do enredo exaltava os índios e fazia críticas severas ao progresso desenfreado. O regime fez pressões e a escola teve que transformar o enredo em uma insólita apologia à Transamazônica, rodovia construída pela ditadura, descartando com isso um lindo samba de Martinho da Vila que denunciava o drama dos indígenas.

O nível de interferência da censura do regime autoritário no ambiente nas agremiações carnavalescas ainda carece de estudos mais aprofundados. Sabe-se, todavia, que os censores estavam atentos ao que acontecia. Prova disso é a preocupação manifestada pelos homens do regime em relação ao enredo de 1970 de um bloco carnavalesco, o Canários das Laranjeiras, que desfilou com *Ganga Zumba*. Contando a história de um dos líderes do Quilombo dos Palmares, o bloco evocava a luta pela liberdade e teve que negociar com os censores a liberação do samba. O raciocínio aqui é simples: se um bloco de enredo entrou na mira da censura, é justo supor que as escolas de samba, com uma repercussão muito maior, merecessem atenção redobrada.

Um touro negro passeia nos Lençóis

AO LADO DOS DELÍRIOS ufanistas, das exortações ao caráter pacífico da mestiçagem e de uma ou outra cutucada nos poderosos, os enredos clássicos continuavam em voga, disputando a hegemonia com os temas afro-brasileiros popularizados nos anos de 1960, ganhando então contornos mais culturalistas.

É nessa encruzilhada que desponta a vereda trilhada e pavimentada por Joãosinho Trinta. Entre louvações ao regime, saudações aos orixás e descrições laudatórias de efemérides e personagens emblemáticos, o gigante maranhense de um metro e meio de altura apresentava uma porta de saída: a narração delirante, a brincadeira com a história, o direito de se lambuzar com os aspectos oníricos da festa. A subversão, enfim, pela fábula.

Em síntese, o enredo seminal que João apresentou ao Salgueiro para o carnaval de 1974, *O Rei de França na ilha da assombração*, mergulhava nos mitos, lendas e assombrações da terra natal de Trinta. A imaginação prodigiosa do carnavalesco, todavia, foi mais longe. Na medida em que nos é possível destrinchar a sinopse salgueirense e sintetizar a estrutura do delírio, ela vai relatada abaixo. Sintam-se no reino do faz de conta.

O poeta Gonçalves Dias encontrou um menino, na Fonte do Ribeirão, e começou a revelar ao garoto os segredos sobre o

Maranhão e suas magias. Contou que o rei menino Luís XIII de França escutou histórias do Maranhão e, durante um delírio, imaginou que a ilha de São Luís era o Palácio de Versalhes. Falou da vida de Ana Jansen (a Nhá Jança), uma implacável senhora de escravos que ainda hoje passeia em uma carruagem assombrada pelas ruas da cidade velha, às madrugadas. Revelou que a ilha de São Luís é rodeada por uma serpente que cresce pouco a pouco. No dia em que a cauda encontrar a cabeça do monstro, a cidade será destruída. A serpente fora uma escrava que, em virtude dos sofrimentos, encantou-se no bicho e prometeu se vingar. Contou, finalmente, sobre o touro negro que vaga pelas areias da praia dos Lençóis; ele é o Rei Sebastião de Portugal, encantado no Marrocos, em 1578, na batalha de Alcácer-Quibir. O garoto pergunta ao poeta como é que ele sabe de tudo isso. O poeta revela que aprendeu esses segredos com as pretas velhas dos terreiros de encantaria e dos tambores de Mina maranhenses. As pretas velhas não mentem, não, senhor.

Para o bem e para o mal, o enredo salgueirense é um marco na história das escolas de samba. Disposto a conduzir o delírio da maneira como concebera, Joãosinho arrogou-se de autoridade até para interferir na ala dos compositores do Salgueiro, adequando o samba escolhido, do paulistano Zé Di, aos objetivos do desfile salgueirense e enfurecendo os mais tradicionais. O poder do carnavalesco ultrapassava a fronteira da concepção visual do espetáculo e interferia, como nunca antes, diretamente nos quesitos de fundamento; tendência que só faria crescer nos anos seguintes (Lopes, 1981:43).

Mais do que a consagração obtida com o título, o enredo salgueirense dava nó em pingo d'água, driblava a encruzilhada gerada pelo regime militar e apresentava a saída, pelos atalhos da imaginação, do cativeiro ao qual as escolas estavam submetidas pelas exigências nacionalistas do regulamento dos desfiles.

No carnaval seguinte, o de 1975, Joãosinho seguiu pela mesma trilha. Ousou até, é possível dizer, um voo mais delirante. O carnavalesco imaginou que as lendárias minas de Ofir ficavam no Brasil, inserindo no desfile representações alegóricas do Oriente vinculadas à história brasileira. Os fenícios, que aparecem no enredo cedendo navios ao Rei Salomão, entram no balaio ao lado da Rainha de Sabá, cercada por negrinhos de olhos verdes e outros personagens inusitados.

Um pequeno passeio pelos enredos daquele ano de 1975 dá a dimensão da ousadia salgueirense. A Beija-Flor louvou a ditadura (*O grande decênio*); Imperatriz, Mangueira e Portela se inspiraram na literatura brasileira (*A morte da porta-estandarte*, *Imagens poéticas de Jorge de Lima* e *Macunaíma*, respectivamente); a Unidos de São Carlos cantou a religiosidade popular (*A festa do Círio de Nazaré*); a Vila Isabel louvou o teatro (*Quatro séculos de paixão*); a Mocidade falou das lendas que cercam um pássaro amazônico (*O mundo fantástico do uirapuru*); a União da Ilha contou uma história de amor e sangue no Nordeste (*Confins de Vila Monte*), e a Em Cima da Hora falou da própria festa (*Personagens marcantes do carnaval carioca*). O desvario de Joãosinho – nesse universo de enredos até certo ponto previsíveis sobre livros, poetas, folguedos e lendas nacionais – ganha uma radicalidade poucas vezes repetida na história dos desfiles.

No ano seguinte, trilhando a vereda dos delírios, a Vila Isabel acata a sugestão do dramaturgo Flávio Rangel e desfila com *Invenção de Orfeu*, um passeio pelo surrealismo e pelo catolicismo místico de Jorge de Lima. Depois das desventuras de Joãosinho pelo Maranhão imaginado e pelos negrinhos da Rainha de Sabá, o "veleiro sem velas" da Vila mostrava que a história do carnaval, contada pela perspectiva de seus enredos, jamais seria a mesma. A porteira da imaginação acabara de ser arrombada numa viagem sem volta, deixando sambistas desconfiados e censores desnorteados.

O samba da Vila Isabel, de Paulo Brazão, Rodolpho e Irany, cantava as desventuras do Orfeu de Jorge de Lima, mas parecia falar dos próprios carnavalescos em seus versos iniciais:

> Ilhado na imaginação
> Que mar de fantasia
> O poeta vai cantando
> Estórias tão sem história
> De tristeza e alegria

Democracia e cotidiano: sambando na Nova República

Na feira com a cabrocha Lili

O DECLÍNIO DO REGIME autoritário no Brasil, que foi sendo desmontado a passo de caracol desde 1975, ganhou contornos mais definidos a partir de 1978, com o fim do AI-5. Daí em diante, o caracol virou um rolimã desembestado e a ditadura começou a despencar ladeira abaixo. A Lei de Anistia foi promulgada, restauraram-se as eleições diretas para governos estaduais, explodiu o movimento pelas Diretas Já e Tancredo Neves foi o primeiro civil eleito indiretamente para a presidência desde o golpe. Tancredo morreu antes de assumir, cabendo a José Sarney, egresso das fileiras da ditadura e convertido à oposição nos estertores do regime, presidir a Nova República.

Em 1988, com todo o simbolismo que marcou o centenário da Abolição da Escravatura, foi promulgada a "Constituição Cidadã". Em 1989, no centenário da Proclamação da República, Collor de Melo – com fama de caçador de marajás, pinta de galã, muques de lutador e olhar esbugalhado – chegou ao poder após as primeiras eleições diretas para a presidência desde que Jânio Quadros fora eleito, em 1960, para renunciar meses depois.

Em linhas gerais, as efemérides da história, a mitologia dos orixás, o folclore brasileiro, a ideologia da mestiçagem, o próprio carnaval (falar da festa é uma tendência que se aprofunda ao longo dos anos) e as homenagens a grandes personagens continuaram prevalecendo. No meio de tudo isso, a vereda delirante continuou dando um caldo apimentado que vez por outra entornava.

Merecem destaque, todavia, duas novidades que se apresentam com enorme força no período de redemocratização: a dos enredos que versam sobre o cotidiano e a dos temas explicitamente politizados, vinculando as escolas de samba ao ambiente de denúncia das mazelas sociais. Tais tendências só podem ser entendidas no contexto em que as broncas represadas pela sociedade brasileira, de forma geral, romperam as comportas do autoritarismo e desceram como águas livres, lavando tudo e mandando às favas o entulho da repressão.

Talvez nenhum carnavalesco tenha representado tão bem as novas perspectivas abertas pela redemocratização como Luiz Fernando Reis. O carnaval de 1982, sobretudo, apresentou a Caprichosos de Pilares, escola de Luiz Fernando, pintando e bordando nas ousadias do cotidiano.

Aquele início de ano foi especialmente marcante no contexto da abertura. O Brasil iria escolher diretamente, ainda em 1982, os governadores estaduais. Retornando do exílio, políticos como Leonel Brizola e Miguel Arraes (verdadeiras bestas-feras de esquerda na visão do militares) anunciaram que concorreriam aos governos do Rio de Janeiro e Pernambuco. A seleção brasileira de futebol se preparava para jogar a Copa do Mundo da Espanha – capitaneada por Zico, Falcão e Sócrates – com a expectativa de apresentar um futebol dos sonhos, que parecia ter se perdido depois do Mundial de 1970 e dos escretes insossos de 1974 e 1978. No meio do bafafá, a Caprichosos de Pilares apresentou no carnaval do Grupo de Acesso um enredo com um título pra lá de insinuante: *Moça bonita não paga*.

Contando a história de uma cabrocha que passeava pela feira livre para aproveitar as vantagens da xepa, a agremiação de Pilares desfilava apresentando ao público, embalada por um sambão do mestre Ratinho, os personagens marcantes da feira: floristas, vendedores ambulantes, peixeiros, donas de casa e galanteadores baratos.

No meio do fuzuê da feira de Pilares, não há mais milagre na economia. Os anos de crescimento tinham começado a ir para as cucuias a partir do choque do petróleo de meados da década de 1970. O Brasil que se reencontra com a democracia é o país mergulhado nas loucuras da inflação que se agita, citada no samba como o espinho que fere a flor Lili, impressionada com os preços desbaratados e cheia de moral com o sucesso que fazia com o vendedor de laranjas assanhado.

A mesma inflação, vilã daqueles anos de redemocratização, apareceu com destaque em 1984, no desfile da Em Cima da Hora, também no Grupo de Acesso. Cantando uma viagem de trem entre Japeri e a Central do Brasil (*33, Destino Dom Pedro II*), a escola apresentou as aventuras de pingentes, artistas populares, operários, domésticas, meninas sonhadoras, malandros, pequenos golpistas e trabalhadores em geral, vítimas do descalabro do transporte público e das agruras de um país com a economia em frangalhos. Um retrato preciso do país que saía da ditadura com uma das concentrações de renda mais impactantes do mundo.

O caldeirão de 1985

O ANO DE 1985 é um marco desse processo de transição democrática. O fim da ditadura militar não veio sem um travo de amargura. O movimento das Diretas Já, que marcou simbolicamente a retomada das ruas no ano anterior, foi derrotado no Congresso Nacional. O regime de exceção terminava com um gostinho de marmelada e a Nova República começava com a citada morte de Tancredo Neves, a chegada de José Sarney ao poder e o colapso da economia, representado na sinistra expressão "década perdida", exaustivamente repetida por economistas com carantonhas de carpideiras de velório do interior.

O carnaval daquele ano, o segundo da história do sambódromo, de certa forma condensou toda a história dos enredos das escolas de samba ao longo de décadas e, ao mesmo tempo, indicou os caminhos que a partir dali as agremiações percorreriam. O que temos em 1985 é um verdadeiro laboratório de alquimias carnavalescas.

A linha de enredos chapas-brancas apareceu como uma ironia fabulosa dos deuses do samba. Ela foi encarnada na exaltação que o Salgueiro – a escola que provavelmente mais contribuiu para que a história oficial perdesse a primazia dos enredos – fez a Getúlio Vargas, comportando até mesmo uma duvidosa apologia, quase constrangedora em um contexto de redemocratização, aos feitos da ditadura do Estado Novo.

A homenagem a personalidades não parou na figura seminal de Vargas. A Mangueira, campeã no ano anterior com *Yes, nós temos Braguinha*, homenageou Chiquinha Gonzaga, engatou a quinta marcha e, a partir daí, se especializou, ano após ano, em cantar trajetórias de artistas (Caymmi, Tom Jobim, Chico Buarque, Caetano, Bethânia, Gal e Gil), intelectuais (Carlos Drummond de Andrade) e personagens duvidosos, como o empresário da noite Chico Recarey, homenageado com um dos sambas mais bizarros da história da Estação Primeira, daqueles de fazer Cartola saltitar na tumba.

A Acadêmicos de Santa Cruz chutou o balde e cantou as aventuras do colunista social Ibrahim Sued, com direito a alas do clube dos cafajestes, da champanhota e do casamento da princesa Grace Kelly. O homenageado desfilou dentro de um Cadilac branco puxado por um caminhão (fato que levou a escola a contrariar a proibição de veículos motorizados prevista no regulamento, perder dez pontos e cair para o Grupo de Acesso com pompa e circunstância). A Santa Cruz anunciava uma tendência que nunca mais largaria o carnaval: a homenagem a celebridades de ocasião, pouco afeitas ao universo do samba ou mesmo da história oficial.

Joãosinho Trinta veio com mais um delírio, apresentando um Jardim do Éden carioca no enredo *A Lapa de Adão e Eva*. Adão era um malandro carioca, Eva era a Garota de Ipanema e a serpente danadinha virou Madame Satã, interpretada pelo ator Jorge Lafond. A banana substituiu a maçã como o fruto proibido.

O delírio nilopolitano logrou a segunda colocação, perdendo apenas para o fuzuê futurista de Fernando Pinto, com o *Ziriguidum 2001, carnaval nas estrelas*, da Mocidade Independente de Padre Miguel e de suas baianas siderais.

Entre homenagens e delírios, o caleidoscópio dos enredos apresentou a Caprichosos de Pilares pintando o sete com o *E por falar de saudade*, de Luiz Fernando. O vatapá de bom humor, crítica social e samba de Pilares nunca esteve tão bem temperado.

Cantando a saudade dos tempos de outrora, a Caprichosos lembrava-se do amolador de facas, do leite sem água, da gasolina barata, da virgindade feminina, das glórias da seleção brasileira (sem título mundial desde 1970) e do Botafogo de Futebol e Regatas (curtindo um jejum de triunfos desde 1968). O cantor botafoguense Agnaldo Timóteo, indignado com a deliciosa brincadeira de Luiz Fernando com a onda de azar do clube, ameaçou invadir a avenida, quebrar carros alegóricos e esculhambar o desfile da agremiação. Não cumpriu a ameaça.

A São Clemente consolidou a tendência da crítica social com *Quem casa quer casa*, denunciando, com leveza surpreendente, o drama da luta pela casa própria no Brasil da crise econômica e da concentração de renda.

A Vila Isabel embarcou na onda da temática infantil, com *Parece até que foi ontem*; a Ilha louvou a negritude de João Cândido e a Revolta da Chibata (dando ao enredo um tratamento sisudo que gerou um desfile desastroso); a Imperatriz embarcou na tradição dos mitos brasileiros, com o folclore marajoara de *Adolã, a cidade mistério*; a Estácio de Sá exaltou o ritmo carioca do chorinho; a Império da Tijuca falou do compositor Custódio Mesquita e a Portela cantou a saudade de um passado de cassinos, circos e teatros de revista.

Como se pode observar, aquele ano de 1985, emblemático na política por marcar o fim de um ciclo de presidentes militares, foi uma espécie de cartão de visitas para o futuro que se descortinava no carnaval. Tudo podia virar enredo: a história oficial, as homenagens a personagens de todos os tipos, a riqueza dos mitos brasileiros, o delírio desvairado do artista, as mazelas sociais do país e o espaço sideral tropicalizado. Era como – e a comparação é irresistível – se a redemocratização do Brasil comportasse a radical democratização dos enredos.

Como nem tudo são confetes, no meio da riqueza temática de 1985, evidente no alargamento de horizontes dos enredos multifacetados, um ovinho começava a ser chocado no universo das escolas de samba. O problema é que não era ovo de codorna, acepipe que cai bem com uma cerveja gelada. O bichinho era de serpente mesmo, com aquela membrana fininha que permite vislumbrar o contorno da danada.

Foi naquele ano que o Império Serrano recebeu o primeiro grande aporte corporativo para o desenvolvimento de um carnaval. O enredo *Samba, suor e cerveja, o combustível da ilusão*, foi bancado, em parte, por uma cervejaria, certa de que o desfile das escolas de samba, consagrado como o maior espetáculo da terra, era o cenário ideal para vender a marca.

A cerveja do Império Serrano, a princípio, desceu choca pela goela dos patronos das escolas de samba. A ousadia imperiana foi rechaçada com a proibição do *merchandising* nos desfiles e a previsão de punição para a agremiação que ostentasse o apoio de alguma marca. Parecia que a onda do jabá não decolaria na pista da Sapucaí.

O carnaval de 1988, nesse sentido, foi alvissareiro, sobretudo pelos tratamentos que os enredos da Mangueira e da Vila Isabel deram ao centenário da Abolição da Escravatura, relembrado naquele ano. A Estação Primeira apresentou uma visão crítica e contundente do processo de abolição, destacando os dilemas da marginalização do negro brasileiro após a Lei Áurea e chamando a atenção para a luta contra o preconceito racial, em *Cem anos de liberdade, realidade ou ilusão?*.

A Vila Isabel, por sua vez, apresentou um enredo proposto por Martinho da Vila e desenvolvido por Miltinho, *Kizomba, a festa da raça*, que acabou se destacando como um dos maiores momentos da história do carnaval. Celebrando a africanidade, denunciando o preconceito, exaltando a constituição democrática que o Brasil elaborava naquele ano, a escola do bairro de Noel papou seu primeiro título no Grupo Especial iluminada pela lua de Luanda e embalada pelo samba de Luiz Carlos da Vila, Rodolpho e Jonas. *Kizomba* foi, antes de tudo, um brado pela democracia e pela igualdade racial: dois desafios contundentes da Nova República.

Aos poucos, todavia, o canto de sereia foi sedutor demais: a reconfiguração da festa, os problemas judiciais que envolveram os patronos ligados ao jogo do bicho, a ênfase cada vez maior nos quesitos visuais, o apelo comercial que o carnaval enseja e o encarecimento vertiginoso dos desfiles escancarou de vez as portas para os enredos patrocinados.

Me dá um dinheiro aí

Globalização: introdução ao conceito

HOMENAGENS A CIDADES, ESTADOS e países, cristalizando a tendência do enredo jocosamente apelidado pelo povo do samba de "código de endereçamento postal", louvações a empresas de aviação, exortações comovidas a cavalos, iogurtes, empresários, pesticidas, marcas de cosméticos, xampu de cabelo e similares passaram a fazer parte do mundo do samba. Insinuados na última década do século XX, os enredos patrocinados viraram a tônica do carnaval do século XXI. Bem-vindos ao ziriguidum em tempos de globalização.

Ainda que desperte controvérsias teóricas, o conceito de globalização, *grosso modo*, define um vertiginoso aprofundamento dos processos de integração política, social, cultural e econômica, notadamente a partir do final do século XX. O termo começa a ser utilizado com mais frequência a partir da década de 1990, no contexto de desarticulação da Guerra Fria e da revolução técnico-científica trazida pelo avanço da informática e das telecomunicações.

No ano 2000, o Fundo Monetário Internacional (FMI), reconheceu o fenômeno da globalização e o definiu em torno de quatro elementos: incremento do comércio e das transações financeiras, movimentos de capital, migração de pessoas e difusão do conhecimento.

Um dos maiores críticos desse fenômeno, o filósofo italiano Antonio Negri, ressaltou o fato de que a globalização engendra relações de poder e dominação que se dão mais por vias culturais e econômicas do que pelo uso da coerção pela força. O geógrafo brasileiro Milton Santos, que estudou o fenômeno em seus últimos livros e artigos, botou a boca no trombone, afirmando que a globalização gera a uniformização dos padrões culturais e, como tal, inibe a produção de novos conhecimentos e técnicas, gerando a perda de identidade tanto no plano coletivo como no plano individual.

O samba globalizado

MAS COMO ESSE BABADO da globalização repercute no meio das escolas de samba? Tânia Márcia Hoff (2005) mostra como atuam os efeitos da globalização na representação da identidade cultural brasileira na publicidade e de que maneira a propaganda transporta o mito da democracia racial brasileira para o mito da democracia econômica na sociedade de consumo.

Nesse sentido, diversas marcas usam o samba, o carnaval e uma mítica alegria brasileira – pasteurizada pela estética uniforme da propaganda – como referências que buscam transformar essa mesma tradição em um elemento estimulador da inclusão pelo consumo de bens.

Podemos concluir, portanto, que no mundo globalizado – sobretudo em seu viés cultural/econômico – as escolas de samba são instadas pela indústria do entretenimento a se diluir em padrões uniformes, perdendo as especificidades dos ricos complexos culturais que se desenvolveram em torno delas.

Diluídas, em clara estratégia mercadológica, em referências pouco afeitas a suas características fundamentais, as agremiações correm o risco de se inserir na globalização como elementos difusores do consumo padronizado e da uniformização dos hábitos. Resumindo o problema: as escolas de samba são encaradas como potenciais veículos de propaganda de massas, indução ao consumo e circulação de capitais.

A preponderância de enredos patrocinados acaba contaminando outros aspectos relevantes das escolas. Pensemos, por exemplo, nos sambas-enredo. A partir da década de 1990 – o processo se acentua no século XXI –, os sambas começam a ficar estruturalmente muito parecidos. Normalmente possuem uma primeira parte, seguida de um refrão de 16 compassos, e uma segunda parte, também seguida de um refrão de 16 compassos (oito versos). O refrão final, via de regra, adquire a função de entusiasmar a avenida, com exortações ao amor pela escola de samba que, não raro, escapam completamente do enredo apresentado.

Esse processo de engessamento do samba gera debates acalorados entre os aficionados do gênero. Do ponto de vista melódico e rítmico, é certo que a aceleração das baterias produziu verdadeiros desastres. Com ritmistas batendo a mais de 150 toques por minuto, não há melodia cadenciada que se sustente ou maneira de se cantar, sem comer a letra, mais de oito sílabas em quatro compassos. Os sambas perdem sofisticação melódica, adotam versos mais curtos e se transformam em verdadeiras (e vez por outra divertidíssimas) marchinhas de enredo.

Se a aceleração das baterias compromete a melodia dos sambas, é certo que a onda dos enredos patrocinados atinge duramente as letras das composições. É muito difícil fazer boas letras para enredos que devem, prioritariamente, apresentar marcas ao consumidor. Compositores de *jingles* publicitários certamente se sairiam melhor nessa tarefa.

A força dos patrocínios, encarecendo os desfiles a cifras inacreditáveis, ainda acaba se refletindo em uma valorização demasiada dos quesitos visuais, sobretudo nas escolas do Grupo Especial.

Para que tudo não pareça desastroso, é evidente que esse jogo é complexo e está longe de terminar. Se por um lado temos uma adesão acrítica aos novos padrões que mensuram os enredos pelo potencial mercadológico, há por outro lado quem esboce reações dignas dos bandidos de filmes do Velho Oeste: se é para morrer, que seja mandando bala no *saloon*. O assunto desperta debates acalorados em redes sociais, *sites* especializados, revistas e jornais impressos.

A discussão sobre os enredos patrocinados tem dado pano para manga, sobretudo após a associação entre a Unidos do Porto da Pedra e uma marca de iogurte em 2012, com direito ao logo da patrocinadora na sinopse da agremiação. Com uma comissão de frente fantasiada de "lactobacilos da folia" para representar os micro-organismos que protegem o aparelho digestivo, a escola de São Gonçalo apresentou o iogurte no Império Otomano, na China, no Império Mongol e nas cortes europeias, numa barafunda digna do rebaixamento para o Grupo de Acesso.

O ano de 2013 exacerbou a onda dos patrocínios. A cidade de Cuiabá, o cavalo Mangalarga, as novelas da TV Globo, o mundo das celebridades de ocasião, o estado do Pará, a Coreia do Sul, o Rock in Rio e a Alemanha foram alguns temas desenvolvidos na avenida a partir do interesse do patrocinador. Os enredos de propaganda assumiram a dianteira e consolidaram a tendência de transformar os desfiles das escolas de samba em um espetáculo condicionado pela possibilidade de captação de recursos que o evento enseja.

Do próprio mundo do samba, todavia, articulam-se críticas a esse modelo que apontam para uma interrogação sobre os destinos do carnaval e projetam as expectativas do futuro. As escolas de samba, como organismos vivos, tiveram, ao longo de sua trajetória, a rara capacidade de dialogar com a história. As agremiações atuaram como agentes receptoras de influências diversas, moldaram-se ao tempo e, concomitantemente, construíram este mesmo tempo, na fronteira entre a subversão e a manutenção da ordem, entre consensos e conflitos.

Poderosas personagens da transformação da história da cultura do país e de suas comunidades de origem, oxalá as agremiações possam driblar os condicionamentos do mercado (sempre provisórios e escorregadios) e perpetuar-se dinamicamente, no diálogo entre a tradição e o novo, como totens de viração da dor em arte e celebração festiva da vida como a mais sublime invenção dos homens.

A festa continua e a hora, agora, é de falar das trajetórias de alguns de seus artistas.

SEGUNDA PARTE

OS ARTISTAS DO POVO

Começa a Santíssima muito mais que Trindade

A carta que selou um destino

CENA I, BREVE INTROITO. Pode-se dizer que história do "nascimento", crescimento e domínio dos carnavalescos (ou o enredo desses personagens até então pouco destacados) na folia carioca começou com uma carta. Sim, carta. Papel, caneta, correio, essas coisas que caíram em desuso. Uma carta que explicitava a sina, sobre a qual falaremos mais adiante, de um artista maranhense. Sina de ser grande. Ora, não há objeto literário mais importante – a carta –, solucionadora de crimes, reveladora de segredos, ponte para a união de palavras amorosas, protagonista de último capítulo de qualquer folhetim que se preze. Nada mais natural que haja uma carta nos procedimentos de decolagem do carnaval moderno, mesmo que ela nem versasse sobre a festa. Claro que a dita cuja se perdeu em tantas folias que se sucederam, e nem se sabe ao certo em que ano foi redigida. Mas ela existiu de fato, ali pelo fim dos anos 1940, começo dos 1950.

À época, o casal de atores Mario Brasini e Vanda Lacerda cruzava o Brasil pilotando a companhia teatral *Os Artistas do Povo*, alcunha mais do que profética para o que vamos narrar daqui em diante. Faziam montagens a preços populares, buscando levar um punhado de arte para regiões onde a dita cuja nem sonhava desfilar. Nota rápida: Brasini terminou seus dias tachado como um dos gênios da nossa comunicação, tendo, inclusive, criado o embrião do que hoje é chamado de "ponto eletrônico", utilizado por quase todos os grandes apresentadores de televisão. Mas isso é tema pra outra prosa.

Pois bem, numa das andanças de Brasini e Vanda com a sua companhia, o destino era o Maranhão. Além de um estado pouco desenvolvido e das lendas sebastianistas, encontraram um menino de cabelos fartos que nasceu com um sonho não muito comum entre os garotos de sua idade: o de ser bailarino.

Joãosinho (utilizaremos já a versão com s, preferida por tal personagem fundamental dessa história, após se apaixonar pela numerologia...) corria pelas ruas, becos e vielas sempre atrás dos causos do lugar de origem. Filho de operária com um mestre de obras, sua vontade de saber do mundo e das coisas que o cercavam era gigante, bem diferente da imagem de um menino que, envolvido em mundos que extravasavam o corpo de baixa estatura, nunca ousou aniquilar seus sonhos pueris. Esta pinta de conto infantil inda era emoldurada por idas à biblioteca – palco de mais devaneios – e pelo brilho dos olhos ao mirar as companhias teatrais que cruzavam o estado. Aos 12 anos, as tragédias gregas já o fascinavam, vejam só. Deslumbrados com o menino que citava os clássicos com a intimidade de quem parecia ter tomado um cafezinho com os maiores autores da humanidade, o casal decidiu remeter uma carta para a irmã e o cunhado de Vanda Lacerda, que viviam no Rio e davam expediente no Teatro Municipal. Ele, cenógrafo. Ela, bailarina. Contaram sobre o rapaz e profetizaram, mais ou menos assim: "Não sabemos se conseguirá ser bailarino no Municipal, já que o físico não ajuda. Mas certamente poderá encontrar um ótimo caminho no Rio". A irmã de Vanda, bailarina do corpo do teatro, chamava-se Zeni. O cunhado? Bem, o cunhado era Fernando Pamplona. Guardem o nome do menino. E de Pamplona, claro. Corte.

O pai de todos

CENA 2 E INÍCIO propriamente dito de nossa história. Já estamos em 1959, mais precisamente no dia 8 de fevereiro. O cenário era a Avenida Rio Branco, símbolo do afã de progresso de Pereira Passos e, claro, da volúpia foliã farrista por parte de toda a cidade desde o começo do século XX. Desfilariam as grandes escolas de samba do Rio de Janeiro. Convém dizer que a atenção dos brincantes ainda estava dividida com os ranchos, sociedades, blocos, mas as agremiações começavam a assumir o protagonismo da festa. Fernando Pamplona, que já tinha marcado terreno com duas vitórias no concurso de decoração do Teatro Municipal, foi convidado pelo escritor Miécio Tati, então homem-forte do carnaval no Departamento de Turismo e Certames, para ser julgador do quesito alegoria. Na companhia de Pamplona, entre outros grandes nomes, estavam o folclorista Edison Carneiro e a escritora, jornalista, pesquisadora e militante política Eneida de Moraes. O desfile começou pra lá de atrasado: a Unidos de Bangu, que deveria ser a primeira a tomar de assalto a avenida às oito da noite, teve um de seus carros danificados e se recusou a entrar. Depois de longo impasse, os Acadêmicos do Salgueiro – agendados na quinta posição de entrada – pediram autorização para começarem o espetáculo. Os jurados não pensaram duas vezes e fizeram sinal de positivo. Iniciava-se, enfim, aquele carnaval. Mas foi mais do que isso: o atraso e a mudança de ordem serviram para apressar um encontro que parecia escrito desde sempre. O instante mítico em que um artista e uma instituição em plena autodescoberta se posicionaram frente a frente e estabeleceram um clique passional eterno, muito mais do que mero amor de carnaval. Mais à frente, fariam história juntos.

Da cabine de jurados, Fernando Pamplona assistiu ao *Viagem pitoresca através do Brasil*, de autoria de Dirceu Nery e Marie Louise Nery (popularmente batizado como *Debret*), e percebeu, extasiado, que uma escola de samba poderia, sim, driblar o patriotismo chapa-branca e as tramas de capa e espada dominantes. As alegorias vivas (não havia carro alegórico) representavam cenas das gravuras do pintor francês e os figurinos eram baseados no Brasil colonial retratado pelo artista. No fim das contas, ao rabiscar um 8, a maior nota no quesito alegorias, para o Salgueiro, e um 7 para a Portela – originalmente era 6, mas ele acrescentou um pontinho na hora de passar a limpo –, meio por acaso, Pamplona instaurou um capítulo definitivo para a folia carioca. A Portela ganhou por, acreditem!, um ponto, justamente o que entrou no mapa da escola pelas mãos dele aos 45 do segundo tempo. Mas lá estava o Salgueiro com um inédito vice-campeonato, com o maior grau anotado por um dos grandes nomes do Municipal, e a certeza de que poderia ser uma nova força para fazer frente a Império Serrano, Estação Primeira de Mangueira e Portela, mas na esteira de outro modelo.

O roteiro desse samba desenvolveu-se da seguinte forma: Nelson de Andrade, visionário e inovador presidente salgueirense, logo foi atrás daquele cidadão cheio de personalidade que havia ousado romper com as estruturas e entregar nota maior para sua escola. Presentes, gentilezas, ideias convergentes sobre os caminhos da manifestação que ganhava espaço e encantava o povo e os intelectuais (de orelha e de fato). A conversa foi longe. Suou, e não foi pouco!, para convencer Pamplona a ser o carnavalesco do

Salgueiro em 1960. É de Nelson, aliás, o mítico lema que se transformaria em marca indelével da bandeira alvirrubra do Morro do Salgueiro: "Nem melhor, nem pior, apenas uma escola diferente". Intuição, antevisão, percepção de uma virada em curso, tudo isso ou, quiçá, nada disso, fato é que o dirigente viu no artista o homem certo para uma revolução que estava pela gota d'água. O jurado pulou para dentro das quatro linhas e vestiu o vermelho-e-branco salgueirense que o magnetizou à primeira olhadela. Veio, então, a concretização da primeira virada.

Na década de 1960, a figura do carnavalesco, sob a primazia de Pamplona, passou a dar as cartas na construção dos desfiles das escolas de samba. Pode-se dizer que ele foi o autêntico paizão da árvore genealógica que desembocou na estrutura contemporânea do carnaval.

Ora, se houve um pai, muito natural que também tenha existido uma mãe nesta brincadeira toda. A busca pela figura feminina nos leva à já citada Marie Louise Nery, autora e parceira do marido Dirceu Nery no *Debret*, que, por muito pouco, não se tornou o primeiro campeonato do Salgueiro. Mas a quebra de paradigma e ascensão dos carnavalescos começaram mesmo a partir do ano seguinte, deixando a saga da folia misturada com Belas-Artes órfã de mãe. Sim, foi apenas um homem quem fecundou, gerou, sentiu as contrações, pariu e embalou o processo – daquelas inversões próprias do festejo que se encerra nas Cinzas, não tem ensaio geral e libera a contramão em todas as esferas. A folia, definitivamente, apontava para o crescimento das escolas, metamorfose natural e processual, reflexo de uma cidade que também jamais parou de se transformar.

Fernando aceitou, mas com uma condição, já que nunca foi sujeito de entregar qualquer sim ou não de bandeja, parte do seu *show* genial e genioso: queria lançar um enredo africano, louvar Palmares, gritar o canto de Zumbi, transcender para sempre os limites dos temas quadrados e enquadrados pela visão oficial dos livros didáticos.

Fez-se o que mestre mandou e o Salgueiro tratou de mandar correr pelas suas vielas a notícia do novíssimo enredo, afro – *Quilombo dos Palmares* –, que viria pela frente. Virar do avesso começava dentro de casa: quem disse que negro queria se vestir em traje africano? Mais um suadouro, agora de Pamplona, que rebolou para convencer a comunidade da importância de fazer história. No caso, a história de verdade do Brasil e também a novíssima do carnaval. Abaixo os figurinos à moda Pedro I, II ou Duque de Caxias, era o grito que deveria espocar do quilombo do morro, microcosmo de Palmares, eco da liberdade cultural inda não conquistada pelas escolas de samba naquele momento. Mas como Fernando – um branco, erudito, letrado, toda uma aura casa-grande desde que estreou no mundo (28 de setembro de 1926), mais de um metro e oitenta de puro forasteirismo para toda aquela gente –, bem, como um clichê do mundo de lá, professor da Escola de Belas-Artes, homem do Municipal, iria dar lições ao mundo de cá, do morro? O desafio (e tanto!) do artista era desenvolver um enredo que mostrasse as lutas dos negros e seus personagens, superando certa visão da história que evidencia apenas os que venceram.

Foi então que convidou o figurinista e cenógrafo – por gosto, intuição e talento – Arlindo Rodrigues, com quem trabalhava no Teatro Municipal, além de Nilton Sá, para riscar figurinos e adereços. O primeiro ficou com os figurinos femininos. O segundo, com a parte africana e os masculinos. Mercedes Baptista, que havia sido a primeira mulher negra a ingressar como bailarina profissional no mesmíssimo Municipal (1947), foi Dama da Calunga do Maracatu de Nzambi e, de quebra, trouxe vários dos seus bailarinos a reboque, uma parceria entre artista e escola que explodiria de forma revolucionária três folias mais tarde.

Os quadros do desfile, objetivamente falando, terminaram dispostos da seguinte forma: *O cativeiro*, *A luta*, *Formação dos quilombos*, *Palmares, o reinado de Nzambi* e *Nação livre*. Quando chegou o grande dia, o Salgueiro, que abriu os desfiles da Avenida Rio Branco, enfrentou chuva torrencial, brigas com a polícia e intempéries de naturezas mil para fazer valer o seu grito negro quase inédito e histórico. Nada mais conveniente para proposta tão vanguardista e, ademais, todos sabiam, desde a gênese da ideia, que nada seria fácil naquela visceral incursão histórica. Nelson e Fernando, sobretudo. Era o preço dos inquietos e um ponto de inflexão.

Após numerosas confusões na apuração – Natal da Portela, lendário e valente homem de um braço só, líder da agremiação de Madureira, chegou a dar um murro na cara do chefe da polícia –, a Portela foi declarada campeã. Dias depois, porém, ganhou quatro companhias no primeiro lugar. No fim das contas, sem choro nem vela de nenhum dos lados, foram declaradas vitoriosas Portela, Mangueira, Salgueiro, Unidos da Capela e Império Serrano.

A revolução, porém, ocorreu na pista, no quilombo salgueirense que bagunçou o coreto de tudo o que se fazia até então. O fantástico samba de Noel Rosa de Oliveira e Anescarzinho, que dizia "Surgiu nessa história um protetor / Zumbi, o divino imperador / Resistiu com seus guerreiros em sua Troia / Muitos anos, ao furor dos opressores / Ao qual os negros refugiados / Rendiam respeito e louvor", pode ser compreendido como metáfora daquele próprio momento da folia. Fernando esteve para o Salgueiro como um autêntico rei africano, só que branco, e fez jus à sua autoridade não por riqueza material, mas pela bravura de guerreiro cultural por vocação, além de capacidade de acolhimento e transmissão de sabedoria. O carnaval nunca mais seria o mesmo e os carnavalescos passariam a ocupar posição de destaque na reconfigurada engrenagem momesca. Não tardariam para surgirem os filhos.

O arlequim

O GURU FERNANDO PAMPLONA logo mostrou que professor bom é aquele que pavimenta o caminho dos aprendizes, mas deixa a turma soltinha para voar. E foi assim que, depois de dar vida a mais um personagem histórico popular em *Vida e obra de Aleijadinho* e dar uma pausa do Salgueiro em 1962, quis ajudar a organizar o carnaval pelo Departamento de Turismo e Certames. Com isso, abriu as coxias para que o festejo popular conhecesse a fundo Arlindo Rodrigues, seu parceiro de Municipal e também nas primeiras aventuras foliãs nos melhores e mais criativos furdunços do sopé ao alto do Morro do Salgueiro.

Arlindo jamais frequentou a Escola de Belas-Artes, não ostentava diploma, nem cacoete de formação erudita. Quando jovem, a família enxergou que o moleque que passava horas e mais horas desenhando – "um autodidata maravilhoso", como definiu Fernando Pamplona – exibia natural vocação para as artes. Intuitivo, observador, especial. A bordo de contatos aqui e acolá, conseguiram que batesse ponto como funcionário do Municipal. Trabalho e aprendizado. Deglutiu lições na marra, na prática do dia a dia em montagens teatrais ou nas decorações marcantes que entraram para a história dos carnavais de rua e bailes da cidade do Rio de Janeiro. Conseguiu arrancar de Pamplona – ainda em plena autodescoberta como um monstro dos saberes do povo – lições, como a técnica do desenho em perspectiva. Desabrochou.

E assim fez-se filho primogênito da Santíssima muito mais que Trindade do carnaval. Arlindo sabia combinar as cores com improvável talento intuitivo, os poderes do branco, e como relacioná-lo aos elementos que caracterizavam seu desenho. Espelhos, filigranas, fitas, pompons, acetato e as fitas metaloides, geralmente retrabalhados em flores, carambolas ou outros arranjos. Eis o estilo, criação e identidade. Foi quem fez, ainda, os hoje famosos "protótipos" aposentarem a figura pura e simples dos "riscos". "Querem ficar nus no carnaval? Então é melhor irem para Cabo Frio. E tem mais: a fantasia tem forro e a gola tem dez metros de tule franzido em cada volta. Raspem o bigode e deixem os óculos em casa, pois, afinal, trata-se de um Pierrô", disse certa vez.

No primeiro requebro solo, escolheu *O descobrimento do Brasil* – tema cantado, contado e recontado por reinados de Momo a perder vista. Da ponta de sua caneta, porém, sempre escorria um desfile de novidades e ele colocou em terceiro lugar a agremiação da Tijuca naquele 1962, obtendo o passaporte para seguir na linha de frente artístico-revolucionária da época.

Pediu, então, licença e a bênção do seu padrinho de Municipal para exaltar, no carnaval seguinte, *Xica da Silva* (o enredo era com "X"), a escrava negra que virou senhora da alta sociedade nas Minas Gerais do século XVIII. Pamplona, porém, abusou da rabugice e fez cara feia para a proposta (quem disse que gênio não dá suas mancadas vez por outra?), mas nem houve tempo para se permitir conhecer mais detalhes sobre a história daquela mulher: rumou para Munique, na Alemanha, em uma viagem com previsão de dois anos, após ser premiado no Salão de Arte Moderna.

Lá se foi o pai, ficou o filho, troca de guarda, o *show* teria de continuar. Mal sabiam ambos que o capítulo mais profundo daquele profícuo ataque nas convenções culturais vigentes pedia licença exatamente naquele instante. Fernando nem viu – somente foi saber em meio a porres cinematográficos de felicidade já na Paris pela qual se apaixonou profundamente –, mas o campeoníssimo carnaval *Xica da Silva* foi um marco. Pela primeira vez, os desfiles aconteceram na Avenida Presidente Vargas, pertinho da igreja da Candelária. Palco mais largo, reconfiguração da festa, cenário perfeito para o tiro de misericórdia nas convenções ainda resistentes.

A história da ex-escrava comprada (e que terminou dando as ordens no terreiro como senhora de sua liberdade) pelo contratador João Fernandes de Oliveira – responsável pela exploração de diamantes no Arraial do Tijuco (hoje Diamantina) no auge do ciclo da mineração – foi narrada com requinte e a incorporação de elementos (visuais e na dança) então inéditos. Arlindo confessou que descobriu aquele nome – Xica da Silva – meio que por acaso, o que suplanta a tese de que já flertava com esse tema havia muitos anos. Só então é que partira para a pesquisa.

"Sou muito amigo da Kalma Murtinho (figurinista) e, ao visitar sua butique, percebi que ela tinha o nome da personagem, que nem conhecia muito bem. A partir daí, procurei elementos de sua vida. Entre outros documentos, encontrei uma reportagem de Nonato Masson, publicada no Jornal do Brasil, sobre o assunto e um poema de Cecília Meireles", disse aos jornais da época (Jornal do Brasil, 03 de março de 1963).

Por fim, fascinado com a história, mergulhou de cabeça. "Acreditava que o pessoal estava cansado de tanto brasileirismo, isto é, de fatos essencialmente históricos, relevantes. Senti que precisávamos – sem fugir à nossa própria tradição de patriotas – escolher um enredo diferente" (idem). Além do minueto coreografado por Mercedes Baptista, a fantasia de Isabel Valença, "gata borralheira" na qual sempre coube qualquer sapatinho de cristal, tinha peruca de um metro e dez, enfeitada com pérolas, e uma senhora cauda que media sete metros de comprimento. Ela se tornaria, como definiu o jornalista João Gustavo Melo, "a Gilda dos destaques", já que, de fato, nunca houve igual no abraçar de tão bonito ofício.

A Vermelho-e-Branco ganhou sozinha, sem pares, sem Capela, Império, Mangueira, nem Portela por companhia. Aquele caneco concentrou os holofotes em Arlindo Rodrigues, que tinha pouco mais de 30 anos à época (nascera em 1931).

O filho profissional de Pamplona estava sozinho, sem as asas de proteção do guru e no centro de uma reviravolta de valores: ao contrário de outros desfiles, o título foi todinho colocado na sua conta, no talento carnavalesco que uniu um sarapatel de elementos vanguardistas na composição da autêntica ópera popular encenada diante de uma igreja secular. Havia povo, balé, passo marcado, um tema afro que não se aprendia no colégio, negritude e, ora, pois!, samba no pé (a obra de Noel Rosa de Oliveira e Anescarzinho é um bálsamo cultuado de joelhos até hoje pelos amantes do gênero). Não faltava mais nada.

Até a virada de *Xica da Silva*, Portela, Mangueira e Império Serrano – arrasa-quarteirões daquele tempo – seguravam seus canecos e petecas muito mais pela competência melódica e rítmica do que por beleza estética e arrojo temático, apesar de, naquele instante, já começarem a respirar novos ares a partir do avanço de sinal do Salgueiro em *Quilombo dos Palmares* – casos como os de *Rugendas* (Portela, em 1962), este já inspirado pela presença de Nelson de Andrade, que foi comandar a Azul-e-Branco de Madureira, e *Casa-grande e senzala* (Mangueira, 1962). Apesar de maquinaria ser coisa e quesito de grandes sociedades, todas as escolas tiveram de correr atrás de uma repaginada visual.

Mas não houve unanimidade. A despeito do cavalo da revolução foliã ter passado selado diante de uma Candelária arrepiada com o minueto, a gritaria de parte da imprensa foi tão grande que chegou a cruzar o Atlântico. Acusaram o Salgueiro e Arlindo Rodrigues de serem os porta-estandartes da subversão da arte do povo, enfiando personagens, danças e estética que nada tinham a ver com as pretensas "purezas" do ritmo e daquela manifestação. O carnavalesco, porém, nunca fugiu de briga: "Os pseudo-intelectuais e os esnobes acham que escola de samba para ser boa tem que ter mau gosto, o que não é verdade", disse (Jornal do Brasil, 03 de março de 1963).

Na Europa, já refeito dos goles a mais devido à conquista que nem viu, Pamplona soube que o "menino" Arlindo estava apanhando até dizer chega dos jornais cariocas. Sem nunca esconder seu fraco por uma boa briga e polêmica, tratou de redigir uma carta para o jornalista Sérgio Cabral, que, no começo, também via com cara de poucos amigos aquele fuzuê todo engendrado pelos Acadêmicos. Uma defesa franca do movimento que, meio por acaso, ele mesmo começou, no quilombo erguido em plena Rio Branco.

"Há muito que já defini a minha posição artística. Você acha que, carioca como sou, com o Rio a 40 graus, tudo sol, favela e Copacabana, ritmo quente e mulata gostosa, vou me meter num ateliê a fazer quadradinhos mondrianescos, curvas tripartidas de Max Bill ou manchinhas de Matthieu? Por favor, deixem-me tocar meu tamborim!" (Pamplona, 2013:93).

Para completar o desabafo de Pamplona, vai aqui um adendo: Arlindo (assim como o seu mestre) jamais cobrou um tostão pelo trabalho no Salgueiro. Joaquim Casemiro, o Calça Larga – histórico diretor de harmonia da agremiação –, chegou a dizer à imprensa que, após o carnavalesco recusar um prêmio de 100 mil cruzeiros pelo título, apanharam-no de surpresa para almoçar fora. No cruzar de talheres, já saciados, mandaram o garçom trazer uma encomenda: um jogo de caneta e lapiseira, de presente. Arlindo ficou vermelho-salgueiro de vergonha. Acabou aceitando, mas apenas isto, e seguiu na escola. No ano seguinte, mais um enredo afro, *Chico Rey* – monarca guerreiro e, supostamente, nascido no Reino de Congo, capturado e trazido como escravo para o Brasil. Trabalhando em minas de ouro, conseguiu, com um jeitinho bem brasileiro, comprar sua alforria e a de seus companheiros: escondeu ouro nos cabelos. O samba, de Geraldo Babão, Djalma Sabiá e Binha, é outra pérola indispensável em qualquer livro de listas. Dessa vez, porém, a coisa não aconteceu como no ano anterior, e a escola levou o vice-campeonato.

A crítica de novo não perdoou. Veio então 1965, e como autêntico mediador e "violador" da pureza dos dois extremos – popular e erudito –, lá estava novamente o intrépido Pamplona, que regressava da Europa prontinho para retomar seu trabalho ao lado de Arlindo. Decidiram fazer *História do carnaval carioca – Eneida* naquela folia em que o Rio de Janeiro se deliciava pela condição de "quatrocentão". Os carnavalescos rebolaram para conseguir colocar aquele carnaval na rua, já que foram praticamente sabotados pela direção da escola. Mas o Salgueiro ganhou. De novo. E sem Eneida, que estava hospitalizada e foi substituída por um passista vestido de Pierrô que muitos pensaram ser mesmo a pesquisadora e escritora fantasiada. Era o jovem Max Lopes que, folias à frente, também brilharia como carnavalesco.

E chegam o mendigo, a colombina, a rosa e o pinto

O mendigo

NA OFICINA DE ARTE onde eram depositados os sonhos e manifestação de inconsciente coletivo do Morro do Salgueiro, já dava expediente desde os preparativos para o carnaval de 1963 (a convite de Arlindo) um jovem baixinho e magrinho, cuja estreia no Rio (desembarcou de um ita no sábado de carnaval de 1951) foi sem glórias: passou fome, mendigou, dormiu ao relento e em composições de trem. O menino sonhador, o mais velho de quatro irmãos, acabou no Municipal, onde chegou a ser aprovado para integrar o Corpo de Baile e sonhava estabelecer-se como um profissional de balé dos mais brilhantes. Não deu. Não era fácil arrumar uma parceira para sua baixa estatura.

Em meados dos anos de 1950, dançou algum tempo (até destacou-se em balés movimentados, como *Gaîté Parisienne*, *Chapéu de três bicos*, chegou a ser corista), mas caiu nas graças foi do departamento de cenografia do palco histórico. Disso, aliás, ele entendia desde moleque, já que as cenas e contextos das brincadeiras em São Luís sempre tiveram contornos e ornamentações, muitas vezes apenas em pensamento, bastante lúdicos. Coisa de criança que inventa mundos, castelos, fadas. Mas ele cresceu e seguiu assim.

Mal sabia o jovem – João Clemente Jorge Trinta era a poesia em forma de nome de gente grafada na certidão de nascimento –

que estava fadado, sim, a ser rei, mas muito longe do templo erudito dos desejos pueris. Certa vez, foi trabalhar num armazém, vendinha simples e coisa e tal, e o dono não entendia porque olhava com tanta curiosidade e cuidado para as cascas de cebola. João disse que aquilo lembrava a cortina de um teatro – teatro este que ele jamais tinha visto, com existência apenas num cantinho de seu inconsciente. O vendedor, certamente, não entendeu patavinas, mas, no fundo, ali se dava o nascimento do carnaval surrealista, fantástico e a complementação de uma loucura criativa que desembocaria na estrutura contemporânea.

Foi assim que cebolas viraram cortinas de teatro, lagartos viraram borboletas, peão foi rei. Uma ópera do absurdo, a céu escancarado, com chuva ou sol da meia-noite, onde sambista conseguiria até voar. Nascia ali o mito da folia, o aprendiz que ousou transformar ainda mais o atrevimento do *Quilombo dos Palmares* do Morro do Salgueiro. E como toque de coincidência e empurrãozinho do destino também não fazem mal às histórias reais, certo dia, Pamplona percebeu que, pasmem!, já ouvira falar daquele João (ou Joãosinho?) em uma carta escrita alguns anos antes.

A colombina

QUANDO A REVOLUÇÃO DOS carnavalescos parecia perder fôlego na esteira da trinca de anos sem canecos (nem o ousado *História da liberdade no Brasil*, de 1967, ficou no topo), veio 1969 e o líder da tropa tratou de trazer gente nova para se juntar a ele, Arlindo Rodrigues e Joãosinho Trinta. Foi Maria Augusta Rodrigues, sua aluna na Escola de Belas-Artes, quem liderou o bonde de calouros. Após Marie Louise Nery, que, indiretamente, abriu os caminhos para a transgressão generalizada orquestrada pelo Salgueiro, Augusta foi o primeiro grande nome feminino a posicionar-se no centro do encontro entre as escolas de samba e o mundo erudito. Com origem nas cidades fluminenses de Campos e São João da Barra, teve seus primeiros carnavais e infância muitíssimo ligados às cercanias da Usina Barcelos, indústria do açúcar fundada em 1878 com confete, serpentina e até a presença do imperador Dom Pedro II.

Não pode ser obra de mero acaso que uma artista embalada em meio a um engenho – que, por obrigação contratual do financiamento imperial, foi das primeiras indústrias da região a não utilizar mão de obra escrava – venha a inserir-se num "movimento" folião cujas bases foram lançadas em *Quilombo dos Palmares*. E tem mais: Ana Augusta Rodrigues, sua mãe, era uma folclorista de renome internacional, autora de dois livros sobre as tradições e festejos interioranos do Rio de Janeiro: *Rodas, brincadeiras e costumes* e *Folia de Reis*. Quer melhor fonte para saciar a sede de povo e de arte?

Ficaram ainda as lições do avô, Augusto Cordeiro de Melo, um dos fundadores do Partido Socialista Brasileiro em Pernambuco, e a visão progressista do Colégio Bennett. Aos 17 anos, perdeu o vestibular para Arquitetura – ajuste providencial do destino para aquela que nasceu marcada para jorrar suas influências na Escola de Belas-Artes. O amor foi ao primeiro *gouache*, nas lições de mestres como Quintino Campofiorito e, de novo (e sempre) ele!, Fernando Pamplona. Dali para conhecer um barracão de escola de samba foi um pulo. Bastou uma conversa aqui e acolá, ouvir as primeiras batidas de um surdo e estava o Império da Tijuca na sua vida, por indicação do paizão de todos os carnavalescos e sua sabida generosidade.

Algumas divergências fizeram com que rapidamente pulasse fora daquele barco. Caiu em outro. Um transatlântico que estava singrando mares nunca dantes navegados, diga-se de passagem. Sim, o Salgueiro. Agora, as lições de Pamplona, e também de Arlindo Rodrigues, seriam no suor e no franciscano dia a dia do barracão alvirrubro. Para completar o time, uma cerejinha no *sundae*: Nelson de Andrade, o dirigente renovador que havia virado a casaca pros lados da Portela, reencontrou a "sua" Vermelho-e-Branco, cheio de gás. Pamplona descreve o encontro entre os dois, a dupla que ajudou a colocar as escolas de samba no mais alto platô momesco, na churrascaria Recreio: "*Bahia de Todos os Deuses* será o enredo!", disse. Nelson retrucou: "Pera aí, ô, cara, 17 escolas já fizeram a Bahia, inclusive o Salgueiro, você não viu o Império no ano passado? Nenhuma chegou além do terceiro lugar." A tréplica de Pamplona não deu escolha: "Nelson, a nossa Bahia é diferente das 17. Pega ou larga" (Pamplona, 2013:110). Pergunta se Nelson largou?

O destaque no barracão ficou para a alegoria que trazia a representação de uma Iemanjá prateada. Pamplona sabia que a escola estava com o caixa pra lá de zerado e pediu para que Arlindo não enfeitasse muito o pavão. Passariam aprumadinhos, com a dignidade costumeira, mas tateando o bolso para não esquecer o quão vazio aquele saco estava. Nota rápida: ficou famosa uma frase sua: "Tira da cabeça o que o bolso não dá", que até virou título de enredo-homenagem (*Tributo a Fernando Pamplona*, do Salgueiro, em 1986).

Voltando a 1969, o aprendiz-parceiro Arlindo resolveu vestir a receita criativa do mestre e tocou a confecção alegórica da dita "Senhora do Mar" todinha construída por espelhos redondos pendurados por fios de náilon. Eles, literalmente, iluminaram a cidade e dificultaram a vida dos fotógrafos: não havia lente que captasse com precisão aquele espetáculo de luzes refletidas. Magnetismo e arte do querubim das formas. O carro viria atrás, mas, em cima do laço, resolveram posicioná-lo à frente da massa desfilante. Bons tempos em que os carnavalescos "processavam" a criação ali mesmo na pista e se davam ao luxo de orquestrarem transplantes naquele organismo aparentemente pronto para o clímax.

O desfile foi com sol a pino, calor de 40 graus. Pamplona balançou – balançou mesmo, passou mal a valer durante a apresentação e quase não viu uma de suas obras-primas em matéria de apresentação de uma escola de samba –, mas conseguiu seguir adiante, no vácuo do grupamento final. No fim das contas, estopa, gol, deu título, e um samba histórico que caiu nas graças de cada pedaço do Rio. Natal mandou o trem chegar mais cedo e dispersou sua Portela. A parada era mesmo do Salgueiro.

Em 1970, Pamplona e Salgueiro foram vice-campeões com *Praça Onze, carioca da gema*. Perderam para o inesquecível *Lendas e mistérios da Amazônia* (Portela), assinado por aquele que viraria *hors-concours* entre os destaques, Clóvis Bornay. Em 1971, o Salgueiro fez *Festa para um rei negro*, e aí se percebe, sem qualquer sombra de exagero, mais um ponto de inflexão no carnaval carioca. Primeiro pelo formato do samba escolhido, de autoria de Zuzuca, o famoso *Pega no ganzê* – moderno, animado e ousado para alguns; esquizofrênico, desformatado e "calangueado", para outros. Unanimidade era a burrice dispensada desde a disputa, quando o compositor Bala e o genial diretor de harmonia, Laíla, do lado aposto, atentavam Zuzuca a cada eliminatória. No fim, após rosnadas, latidos e ameaças de toda ordem, todos abraçaram o hino que já nasceu sucesso.

Desse carnaval, porém, há como pinçar uma inegável concordância unânime em outro aspecto: foi em 1971 que se formou a verdadeira "escola" de carnavalescos reunida de forma natural em torno da figura de Fernando Pamplona, processo iniciado em 1960. O quilombo cultural estava ali, de muitos estilos, cidades, formações. Gênios intuitivos, da vida, ou criados na Academia. Gênios. A partir de então, ou um pouco mais à frente, iriam reconfigurar, ao sabor de suas próprias características peculiares, os saberes dessa festa. Era a nobreza, definitivamente, a visitar o gongá. E o tal gongá tinha sede no bairro de Botafogo, à rua Guilhermina Guinle, na casa do arquiteto Jordano Sodré.

A rosa

NA OFICINA-BARRACÃO IMPROVISADA, davam expediente, além de Pamplona e Arlindo, Maria Augusta, João Trinta, Lícia Lacerda, dentre outros, e Rosa Magalhães – esta última que se tornaria umas das grandes estrelas do carnaval. Rosa Lúcia Benedetti Magalhães é filha do jornalista, polígrafo e acadêmico Raimundo Magalhães Júnior, jurado no primeiro concurso de escola de samba, em 1932, e da autora teatral Lúcia Benedetti. Desde que estreou no mundo em um hospital de Botafogo e, logo depois, cruzou o túnel rumo ao mar, nunca mais abandonou a sua Copacabana. Cresceu no bairro quando este ainda apenas respirava poesia e arquitetura *art déco*, bem antes da explosão demográfica e dos fogos da virada do ano. Pedalava sua bicicleta na Praça Cardeal Arcoverde, que, na configuração de então, ostentava um lago, com peixe e tudo. A cicatriz na testa data desse tempo, época das primeiras lições no tradicional Colégio Sacré-Coeur de Marie.

Muito menina ainda, já conciliava um estilo de vida tradicional com severas doses de vanguarda – equilíbrio (ou conflito interno?) que marcaria o trabalho artístico e sua vida. Começou a dirigir e a fumar aos 14 anos, com as bênçãos dos pais para tais empreitadas consideradas "moderninhas" à época. Da mãe, herdou uma coleção de santos, diante dos quais reza com certa frequência.

Também aprendeu música, inglês, francês e italiano, formou-se em pintura pela Escola Nacional de Belas-Artes e em cenografia pela Escola de Teatro da Unirio. Virou professora de Cenografia e Indumentária da UFRJ e da Faculdade de Arquitetura Bennett.

Conta Rosa que o desembarque no barracão salgueirense ocorreu sem que nem conhecesse os pormenores de uma escola de samba. "Ah, você vai desenhar a roupa da porta-bandeira", decretou Pamplona com seu vozeirão grave e certeiro, longe de conferir explicações mais detalhadas. A novata carnavalesca então olhou para o lado e, sem a menor cerimônia, perguntou para uma costureira: "O que faz uma porta-bandeira?" O riso foi seguido de mão na massa. João Trinta também dava suas ordens: "Está vendo aquele saco de bolas de isopor ali? Fure as bolas!" Ela retrucava: "Mas como?" A resposta vinha como uma cortada para a bola levantada: "Se vira!" E tome de a menina enfiar arames no fogão da casa do arquiteto Jordano Sodré para facilitar o rasgo no isopor. "Quando ele viu que eu estava usando o fogão para aquilo, me botou pra correr", recorda Rosa, às gargalhadas[1]. Os adereços eram feitos às escondidas ali e, faltando pouco tempo para o carnaval, um caminhão levou tudo para o Pavilhão de São Cristóvão, onde eram montados todos os desfiles. Foi um estouro a entrada no espaço, e todas as concorrentes ficaram de olhos bem arregalados. Havia um carro feito de lixos, recolhidos por todos os cantos da cidade a mando de Pamplona, que Rosa afirma ter sido um pedaço da inspiração de João Trinta para criar o seu clássico *Ratos e urubus* (1989).

Teorias oficiais e oficiosas à parte, fato é que na *Festa para um rei negro*, do Salgueiro, ela ajudou a montar a escola, comprou um ingresso de arquibancada e finalmente foi apresentada a um desfile. Sim, boas-vindas a partir de um trabalho que também era um pouco dela. Estranho, não? Nada mais Rosa do que "pegar no ganzê e no ganzá" logo no batismo de fogo.

---

1 Rosa narrou essa e outras memórias durante seu depoimento para o Museu da Imagem do Som em 26 de novembro de 2014 e durante seminário realizado na Finep, em 07 de novembro de 2012, sobre Joãosinho Trinta.

Mas que enredo era esse? Ora, uma descoberta de Maria Augusta, sintetizada por Pamplona em sua autobiografia da seguinte forma:"Uma disputa pelo reinado do Congo Belga fez chegar ao Brasil uma embaixada com os disputantes príncipes para que Maurício de Nassau resolvesse a pendenga. Aqui, foram recebidos como reis, com cerimonial, troca de presentes e outros bichos" (Pamplona, 2013:123). Nos anais dessa história, ficaram por responsáveis pelo desfile o mesmo Pamplona e Arlindo Rodrigues. O mestre, porém, garante que aquele caneco – sim, o Salgueiro ganhou de novo! – foi proporcionado, acima de tudo e todos, pelo trabalho de Joãosinho Trinta e Maria Augusta. Acerca desse desfile, anos mais tarde, Rosa Magalhães brincaria: "Sempre conto o *Pega no ganzê* como 'meio' título para mim". O Salgueiro foi campeão incontestável, o samba voou baixo na avenida e nem a brincadeira popular de substituir os versos da letra por "a maconha que vem lá do Ceará" tirou sua força. Os deuses ficaram em paz.

O pinto

Enquanto isso, em Madureira, nas cercanias do Império Serrano de Silas, Mano Décio e tantos mais, acontecia a história de um pernambucano com cachos fartos que caiu no Rio em 1969 – quando a ditadura já deixava no ar uma atmosfera em milhares de tons de cinza – para colorir de tropicalismo e inventividade o festejo que ainda ativava todas as suas possibilidades e universos. Não era "filho" de Pamplona, nem da Escola de Belas-Artes, não começou de sapatilhas de ponta no Municipal, não tinha mãe folclorista, o pai jamais foi acadêmico, não foi tema de profecia em forma de carta. O patinho feio mais bonito da história: muito ligado à mãe, Irene Pinto, mas órfão de progenitores na festa de Momo. Carlos Fernando Ferreira Pinto ou, simplesmente, Fernando Pinto não era mesmo de estradas retas e sempre enxergou o carnaval como um grande teatro. Não o Municipal, mas o mais generoso do mundo, feito no maior palco.

"Eu não teorizo muito, não. Faço carnaval e carnaval tem de ser alegria, festa, curtição. Carnaval é teatro de revista mesmo, com uma dose muito grande de erotismo. Se isso vai mexer com a cabeça dos outros, não sei. Só tenho a certeza de que alegria cabe em qualquer lugar e é um sentimento que vai sempre mobilizar as pessoas" (Folha de São Paulo, 08 de fevereiro de 1980).

Nascido em Olinda, se mudou pro Recife aos cinco anos. Aos 13, começou a estudar expressão corporal, mas muito antes já fazia teatrinho em casa, experimentando as possibilidades de se reinventar. Quando criou asas, resolveu ganhar o Rio de Janeiro. Cursou a Fundação Brasileira de Teatro e montou algumas peças, com destaque para *Prometeu acorrentado*, que ganhou até prêmios, e *Robin Hood*, para crianças.

Em 1970, estimulado por amigos, decidiu se oferecer para trabalhar no Império Serrano e mergulhar de cabeça nos preparativos de um barracão. A íntegra da carta que enviou à agremiação revela um topete sem tamanho para quem se impressionava desde a infância com frevos e maracatus, mas que de agremiações de samba sabia muito pouco:

> Fernando Pinto [...] vem por meio desta candidatar-se e oferecer seu trabalho com intuito de novamente elevar esta escola ao posto que lhe é devido [...] para que em sua apresentação em 1971 apresente um carnaval diferente do que tem apresentado todos os anos e, o que é mais importante, diferente do que todas as escolas vêm apresentando (Acervo do Império Serrano).

Ora, acabou mesmo conseguindo desembarcar no maior plantel de grandes compositores da folia – o dito "Menino de 47" –, logo ele, também um eterno menino travesso que nunca negou fogo quando o assunto era pintar o sete.

Surgiu, então, *Nordeste, seu canto, seu povo, sua glória, sua gente*, homenagem mais do que direta à região que o pariu e embalou sua vocação para a arte. Não fez feio, arrumou terceiro lugar. Os jornais da época destacaram uma latente "ingenuidade" naquele maneirismo de fala e trejeitos fartos. Talvez ingênuos fossem os próprios analistas, que demoraram a enxergar em tamanha brejeirice um frescor para a folia. "A escola vem toda nova, bem adaptada à realidade do desfile. No ano passado, perdemos dez pontos pela apresentação; desta vez, partimos para um carnaval leve, de modo que possamos passar sem aquela impressão de correria, mas sempre garantindo o limite de tempo. Todas as alas terão alegorias de mão, com motivos variados e de muito bom gosto", explicou Fernando ao Jornal do Brasil (31 de janeiro de 1971). Ingênuo? Sei não...

Ah, mas houve grita e, claro, puristas torcendo os narizes. Sambista que se preza também aprecia um bom chororô, faz parte do "circo" de Momo. Diziam que a chegada de Pinto seria o presságio de novos e maus tempos, já que coincidiu com a saída de cena de Silas de Oliveira: o compositor faleceu em maio de 1972. De certa forma foi isso mesmo, transformação natural. Mas o carnavalesco sempre teve preocupação com as características da escola e jamais censurou a vocação para poesia incrustada no DNA daquela bandeira.

Inquieto sim, mas não ingrato: "Uma coisa eu me permiti fazer. É uma cascatinha, mas ninguém sabe. A Maria Preta, que vem como figura importante do enredo no quadro *Mercado das Flores*, era uma pobre velha que vendia flores lá em casa quando eu era pequeno. Ela me marcou muito. Era o mínimo que eu podia fazer por ela" (idem). O depoimento ao Jornal do Brasil explica muita coisa de sua personalidade.

No segundo ano, já havia grande expectativa em torno do que sairia da mente do carnavalesco com o enredo *Alô, alô, taí, Carmem Miranda*. O artista tratou de analisar de todos os ângulos o trabalho do Salgueiro, campeão em 1971. Levou três meses riscando desenhos, planejando alegorias, montando um verdadeiro espetáculo em torno da portuguesinha, e que custou 200 mil cruzeiros.

Na armação da escola, na Avenida Presidente Vargas, formou-se um certo pânico entre os componentes quando miraram as alegorias: a maioria delas estava praticamente nua, sem enfeites e acabamento. Mas Fernando era pau, ou pinto, que nasceu torto, nunca se endireitou. Já próximo do começo dos desfiles, o carnavalesco retirou de sacos plásticos várias representações de animais, matagais e coqueiros: surgiu, então, o cenário do desfile. No fim das contas, aquela aura de teatro de revista com um samba marcheado, que nem de longe se assemelhava aos clássicos da agremiação, deu certo. Uma vitória marcante para fulminar o jejum desde 1960. O Tropicalismo se associava à folia, casório que representaria mais tarde um pilar do carnaval carioca e geraria apresentações antológicas: o renovador imperiano já tinha deixado a sua marca.

Entre bebidas, gritaria e um abraço e outro nas comemorações, não se esqueceu da mãe. Irene viu ao vivo a estreia no ano anterior, mas acompanhou o título pela televisão."Eu sou um garoto impressionado com o carnaval e com saudades de minha mãe. Não passo disso", sentenciou Pinto. No dia 3 de março, o garoto voltou ao Recife e foi homenageado pelo então governador pernambucano, Eraldo Gueiros. Era a cultura de Pernambuco falando para o mundo via Fernando, um grito que, mais tarde, seria ouvido até mesmo no espaço sideral. Pano rápido.

Os filhos do quilombo vermelho começam a voar

Licença forçada

PAMPLONA APOSTOU, EM 1972, num enredo controverso que caiu como *napalm* no Morro do Salgueiro: *Nossa madrinha, Mangueira querida*. A escola foi boicotada por parte da diretoria, o samba atravessou, a louvação soou como provocação para a rival quase vizinha de porta. Contam os antigos que, no Rio de Janeiro dos poéticos anos 1950 e 1960, era possível, do Morro do Salgueiro, ouvir os ensaios da Mangueira. E vice-versa. Apesar da relação praticamente familiar oferecida pelo batizado, a homenagem terminou em guerra. Entre as duas e nas internas da dita Academia do Samba. Deu quinto lugar e o carnavalesco chegou a participar de uma reunião nas entranhas do morro, dias após o desfile, em que quase foi vítima de uma emboscada. Saiu dali escoltado pelos amigos que fez na escola, suando por todos os poros e jurando que nunca mais pisaria no Salgueiro. Voltou atrás na promessa algum tempo depois, mas, inegavelmente, o ocaso daquela apresentação sinalizou que, a partir do episódio do morro, o mestre deveria dar um tempo e deixar os "filhos" voarem sozinhos: eles já haviam criado musculatura em meio às dificuldades de um barracão. Deu um "até breve", mas não sequestrou todo o brilho e viço da revolução que liderara. A essência de ousadia e quebra de paradigmas ficou zanzando por lá, como música boa nos ouvidos. O raio X daquele momento apontava o seguinte: as escolas de samba encontravam a década de 1970 impressionadas com a força que tinham do lado Zona Sul do recém-construído Túnel Rebouças e cônscias de que poderiam ir ainda mais longe. Foram mesmo.

Ainda em 1972, e até para simbolizar que os "rebentos", de fato, estavam botando as manguinhas de fora, Maria Augusta Rodrigues foi convidada para comandar o carnaval da então modesta União da Ilha do Governador, que sambava sem grandes pretensões e girando no próprio eixo no segundo grupo. Chamou Rosa Magalhães e Lícia Lacerda, companheiras de suor, sorrisos e lágrimas na rua Guilhermina Guinle, a fantástica fábrica salgueirense. O enredo escolhido foi *Festa da cavalhada*. Ficaram longe dos primeiros lugares, mas o terreno estava devidamente marcado.

Ora, um ano depois, já na linha de frente do Salgueiro de 1973, Maria Augusta estava lépida e formosa ao lado de João Trinta, ambos indicados por Pamplona e Arlindo. A nova dupla tinha a árdua missão de resgatar a mesmíssima pegada de antes, com o enredo *Eneida, amor e fantasia*. Sabedor dos maus bocados que o velho Pampa passara no morro após a apresentação anterior, Joãosinho tratou de inventar uma regra pra lá de curiosa. No dia 21 de fevereiro de 1973, 300 sambistas, entre diretores, coordenadores e assessores, foram convocados a assinar um termo de responsabilidade com a escola, pelo qual se comprometeram a executar da melhor maneira possível os encargos que lhes foram confiados.

O então diretor-geral de carnaval, Laíla, explicou melhor o teor da ideia joanina: "Quando a escola ganha, aparecem sempre os dois ou três heróis da história. Quando perde, a culpa só cai em cima do diretor de carnaval". João, nas asas de sua já evidente personalidade forte, sacramentou: "É uma medida sem precedentes no samba. Através dela, é possível até que as pessoas fiquem com mais raiva na hora do desfile e entrem na avenida dispostas a tudo" (Jornal do Brasil, 20 de fevereiro de 1973). O depoimento, sintomático, representou a primeira vez em que a palavra "raiva" escancarou em proporções alegóricas o espírito de competição que a brincadeira ganhara. Na hora H do desfile, passaram certinhos e, nas Cinzas, o resultado entregou um terceiro lugar. Pamplona não viu nada, autoexilou-se na Região dos Lagos, lugar de praias bonitas no Rio, como a Rasa, onde esticou as pernas compridas e nem quis saber de folia. Tomou conhecimento do pódio alcançado pelos filhotes quando abastecia seu carro num posto de gasolina. Sorriu, orgulhoso, mas nem desconfiava que a coisa pegaria fogo para valer no ano seguinte.

O aprendiz é campeão

SIM, O SALGUEIRO SE reorganizou em 1973, distribuiu responsabilidades e tudo mais, mas o título não veio. João não deixaria aquilo barato. Faltava algo mais, ou melhor, faltava bem mais: o reinventar da roda, o crescimento alegórico, os destaques no alto dos carros, o preenchimento de todos os espaços que julgava ainda vazios. Ele era e estava inquieto. Já no comando solitário da agremiação – Augusta ajudou pontualmente –, o maranhense criou para 1974 *O Rei de França na ilha da assombração*, espécie de homenagem aos seus próprios sonhos de guri e um "pede passagem" para o artista transformador e radical que finalmente se mostrava por inteiro. O enredo teve origem nas lendas que uma preta velha, Nhá Vita, contava para o pequeno Trinta. A primeira delas falava de um rei criança que, do seu trono, imaginava as maravilhas e curiosidades de um reino de França erguido em pleno Maranhão. Vejamos se esta não seria a própria metáfora de um "monarca" nordestino que aprontou um reino de desvario em plena Cidade Maravilhosa?

Numa sala apertada do barracão, no cais do porto, sem camisa, acompanhado por uma garrafa de Caxambu e um caderno pautado com o mapa do estado da Guanabara desenhado na capa, João foi fazendo anotações e rabiscos que desembocaram no festival de palmeiras de prata e espelhos, adereços, carros e destaques gigantescos, sem precedentes. "Na década de 1970, montei óperas do porte de *Aida*, *Guarani* e *Tosca* no Teatro Municipal. (...) Naquela época, a minha concepção do desfile das escolas de samba era a realização de uma autêntica ópera de rua. (...) Começando pelo libreto que corresponde ao enredo. Uma história ou estória que tem princípio, meio e fim", escreveu ele, anos mais tarde (Trinta, 2004:19). Naquele 1974, João quis e conseguiu fundar um tipo de realismo fantástico folião inovador para simbolizar a França Equinocial. Mas com quem duelaria? Ora, do outro lado da cidade, Arlindo Rodrigues foi contratado a peso de ouro por outra agremiação carioca. Engana-se quem pensa ter se tratado de Império Serrano, Mangueira ou Portela, que, ao lado do Salgueiro, ainda formavam o quarteto fantástico das "grandes".

O cheque foi assinado pela Mocidade Independente de Padre Miguel, escola fundada em 1955 e que, desde 1959, já dava expediente (sem jamais ter caído) no núcleo das principais bandeiras, sempre em colocações consideradas baixas ou medianas. Mas a agremiação, acostumada a viajar de trem por mais de 30 quilômetros para chegar ao Centro (folião e financeiramente borbulhante) da cidade, mesmo pequenina, tinha lá o seu séquito de apaixonados. O motivo? Um dos pilares fundamentais desse furdunço todo: a bateria. Em 1959, quando estreou entre as grandes, seu mestre de bateria, José Pereira da Silva, o lendário mestre André, inventou a chamada "paradinha" (calar dos instrumentos em meio à execução do samba e consequente retomada no tempo certo). Tamanha força do grupamento rítmico ganhou contornos de estigma – "É uma bateria com uma escola atrás" –, rechaçado raivosamente pelos componentes. O jogo virou exatamente em 1974, na gestão de Osman Pereira Leite, e já com a injeção financeira promovida por Castor de Andrade – banqueiro do jogo do bicho e patrono da escola até 1997, quando faleceu vítima de um infarto fulminante em meio a um carteado próximo à orla de Copacabana. A escola cresceu e profissionalizou muitos dos seus quadros e, como cartada final, buscou Arlindo na turma de Pamplona. O enredo escolhido,

A Festa do Divino, elevou a Verde-e-Branco ao patamar das postulantes ao título. Durante esse festejo, que acontece 50 dias após o Domingo de Páscoa, comemora-se a descida do Espírito Santo sobre os apóstolos de Cristo, o que corresponde ao Pentecostes do calendário oficial católico. Arlindo foi muito fiel à teoria da proposta. Pouco antes daquela apresentação, um incêndio no galpão onde estavam guardadas várias fantasias destruiu boa parte do material de desfile, que teve de ser refeito às pressas. À época, sambistas concorrentes comentaram ironicamente que nunca viram fogo tão grande ser apagado com copo d'água, sugerindo claramente que a história havia sido forjada para colocar a agremiação nas primeiras páginas dos diários de toda a cidade. Nunca houve prova.

Já na avenida, o povo de Padre Miguel deu de ombros para a confusão e foi aclamado pelo público aos gritos de "Já ganhou!". "Foi a vitória da inteligência contra a força e poderio", disparou o Jornal do Brasil (27 de fevereiro de 1974), destacando que o artista soube empregar materiais baratos para obter efeitos preciosos. Parecia, finalmente, a invasão do famoso *bunker* das quatro grandes. Parecia. A Mocidade destacava-se na apuração até o quesito fantasias, quando o jurado Rubem Ultrabo, talvez inspirado na fogueira polêmica do controverso incêndio, sapecou uma nota 4 nos figurinos desenhados por Arlindo. Ora, o carnavalesco já era considerado um dos maiores figurinistas brasileiros e as roupas, apesar de recriadas a toque de caixa, passaram completinhas. Ninguém entendeu bulhufas, muito menos a escola, que, do primeiro lugar, foi parar na quinta colocação, com 90 pontos.

"É preciso fazer enredo de acordo com as possibilidades da escola, de acordo com as possibilidades de cada figurante, que deve poder exercer a função que você deseja, sem ficar sobrecarregado de fantasias demasiado maçantes, nem sobrecarregado por trilhões apenas para vencer no carnaval", decretaria Arlindo ao Jornal do Brasil (04 de março de 1979), anos mais tarde. O revolucionário Salgueiro foi o grande campeão com 94 pontos e a nota máxima de Ultrabo. A cidade aclamou a justiça do título, mas também sentiu que, a partir daquele momento, o desfile ganhava uma nova agremiação de destaque, a Mocidade.

Poucos deram importância, porém, a um fato pra lá de marcante no seio da revolução capitaneada por Pamplona: o aprendiz João vencera um dos seus mestres – no caso, Arlindo (que o levou ao Salgueiro em 1963) –, sinal verde para o início dos confrontos armados de arte, cujos protagonistas tinham a mesmíssima ascendência profissional e berçário. Logo após a apuração, Joãosinho minimizou quaisquer conflitos, posicionando Arlindo e Fernando na condição de principais influências. Arlindo sempre reconheceu publicamente o talento de seu pupilo, mas tratou de dedicar um bom arsenal de alfinetadas para ele dali em diante. De tão disciplinado, Trinta não deixou de trabalhar no Municipal no dia da apuração – talvez para agradecer a todos os deuses viventes e etéreos que habitam aquele ambiente – e nem compareceu ao Regimento Caetano de Farias, onde as notas foram lidas. "Disseram que o enredo foi muito intelectualizado, mas se foi alcançado e entendido pelo povo, cumpriu a sua finalidade. Acho que devemos levar coisas boas ao povo, desde que possam ser compreendidas", disse (Jornal do Brasil, 02 de março de 1974). Ao mesmo tempo, Fernando Pinto arrumou um novo terceiro lugar com seu Império Serrano. O enredo era *Dona Santa, rainha do Maracatu*, mais um flerte com suas raízes pernambucanas.

Veio 1975, a dupla Joãosinho Trinta-Laíla estava mais afiada do que nunca e, claro, doidinha para abocanhar mais um caneco. "Não mexi com as raízes, apenas arrumei uns vasos bonitos para elas", diria mais tarde Joãosinho. A frase de Trinta simboliza a plena consciência de que era um agente da mudança estrutural do carnaval, e não apenas isso: ele não se sentia "culpado" por nada, muito pelo contrário. Quem passasse pelo barracão, veria a plena confiança de um artista no próprio taco e arte, movimento de crescimento pessoal e profissional que, para o ouriçar dos bandeirolas de plantão, estava apenas nos procedimentos de decolagem. E lá foi o maranhense arrumar mais um quiproquó daqueles ao desafiar o regulamento, que obrigava as escolas a apenas apresentarem temas nacionais. Como driblar tal impedimento? Ora, ele tirou da cartola o até então inclassificável *As minas do Rei Salomão*, baseado num delírio bem ao seu estilo, que aventava uma teoria de que os fenícios teriam feito uma visitinha à Amazônia brasileira. Ciente da característica midiática que a festa já havia abocanhado, inventou uma inusitada seleção para escolher 150 meninos negros com olhos verdes, que representariam os presentes oferecidos pela Rainha de Sabá ao Rei Salomão. Foi um alvoroço na cidade! E não parou por aí. Nas internas, inda quis polêmica com os compositores ao se meter diretamente na disputa de samba da escola. Promoveu a junção de dois concorrentes – sua alegação foi a de que um completava o outro. Teve melodista, claro, de cara amarrada para o pitaco daquele autêntico estranho sociológico metido a poeta, mas a coisa fluiu direitinho no fim das contas.

Na verdade, João e Laíla cortaram um dobrado para colocarem aquele carnaval na rua: a escola estava dividida, quebrada e mal gerida pelo bicheiro Osmar Valença. No ano anterior, Pamplona – que havia rompido com o dirigente – já doara a João Trinta um rolo de material plástico para que terminasse uma de suas alegorias. O maranhense saiu rodopiando como louco e estimulado para vencer. Venceu. O primeiro título solo só não fez com que a administração, que já tinha dado um passa-fora em Arlindo e Pamplona, entrasse nos eixos. Mas por sorte ou destino, fato é que não existe espírito ruim de presidente metido a sabido que possa fazer frente à sina de vitória de um pequeno notável. Já estava escrito há milênios que o delírio internacional com pitadas amazônicas nascera fadado ao campeonato. Nem mesmo Arlindo, que costurava nova revolução na já repaginada Mocidade, conseguiu fazer frente. Ele carregara para Padre Miguel muito do seu talento: arrumou alas, revolucionou fantasias e alegorias, mas instaurou também os passos marcados, as alas coreografadas. Sem *know-how* no assunto, a agremiação não veio sambando no pé, preocupada que estava em contar as passadas. Foi derrotada em 1975 – *O mundo fantástico do uirapuru* –, com direito a samba atravessado e briga ao final da apresentação.

Sim, João e o Salgueiro venceram de novo, um bicampeonato em sequência inédito para a turma do quilombo. Ele não superara ainda os seus mestres em número de títulos, mas os canecos seguidos o colocavam em patamar de destaque. Depois das Cinzas, porém, cansado dos maus bocados que passou nas mãos daquela administração sovina e caótica, decidiu se desligar da Vermelho-e-Branco. Osmar Valença minimizou o fato, descredenciando o trabalho do maranhense.

No dia 8 de maio de 1975, a coluna do jornalista Zózimo Barrozo do Amaral no Jornal do Brasil estampava a fofoca da hora:

> DESERÇÃO NO SAMBA
>
> Joãosinho Trinta e Laíla, o primeiro, responsável pelas alegorias e a programação visual, o segundo, diretor-geral do Salgueiro, podem passar a integrar esta semana os quadros da Unidos de Vila Isabel. Se for confirmada essa deserção – rara na história do carnaval carioca –, causará a maior repercussão no meio do samba. Os dois foram os responsáveis pela vitória do Salgueiro em 74 e este ano.

Sim, a deserção aconteceu. No meio do processo de transferência, contudo, não só o Salgueiro, como também a Vila Isabel, tomaram uma pernada que, malandro de navalha, extirpe e velho de guerra, não costuma levar. E olha que foi rasteira forasteira, vinda de um lugar que, dois meses antes, pertencia a outro estado. O resultado foi o seguinte: a escola rubra baqueou e a Azul-e-Branco do Morro dos Macacos nem chegou a sentir o gostinho doce da concorrência na boca. A malandragem veio da Baixada Fluminense, mais especificamente de Nilópolis: um belo maço de notas e, pronto!, meio Salgueiro tratou de fazer as malas para uma nova casa. Laíla, já afastado, só foi no ano seguinte, mas Joãosinho partiu sem nem dizer adeus. Sim, agora a estética estava mesmo no comando. E o samba virava negócio graúdo.

Extravasam-se as fronteiras do quilombo vermelho: a hora e a vez de outros quilombos

O palpite certto

GRÊMIO RECREATIVO ESCOLA DE Samba Beija-Flor de Nilópolis. Eis o nome com sobrenome e endereço da irmã que, num drible desconcertante, passou à frente de Salgueiro e Vila Isabel sem fazer a menor cerimônia e cooptou o pequeno maranhense bicampeão. Fundada no Natal de 1948, pode-se dizer que a chegada de João Trinta, para usarmos uma rasteira comparação, representou a contratação do próprio salvador (ou redentor) para uma bandeira que precisava, digamos, de sua ressurreição. Ou nascimento mesmo. Ora, nos carnavais de 1973, 1974 e 1975, acostumada ao sobe e desce de grupos, a agremiação abraçou temas que representavam diretas exaltações à ditadura militar, instaurada em 1964. *Educação para o desenvolvimento*, *Brasil anos 2000* (este teve a hoje campeoníssima Rosa Magalhães como figurinista, apesar de a artista plástica não ser a autora do enredo) e o, para os dias de hoje, inacreditável *O grande decênio* (de autoria de Manuel Antônio Barroso) foram carnavais em sequência que, muito diferentemente de definirem uma linha, grudaram na escola um estigma que somente um gênio poderia apagar. A turma do Bar Bracarense, claro, – reduto da esquerda boêmia carioca – fazia cara feia ante qualquer rápida menção ao nome do grupamento momesco que sempre partiu de muito longe para desfilar no Centro do Rio.

João nunca escondeu que a possibilidade de empreender um trabalho social naquela Nilópolis praticamente virgem para o grande público foi das grandes inspirações para a troca. "Vi um garoto de 12 anos, que tinha o apelido de Pedro Marreco e era presidente da ala das crianças do Salgueiro, virar o maior bandido do morro em dois anos. A bandidagem e o tráfico tinham se instalado e notei que as crianças eram as mais atingidas. Queria fazer um trabalho social, porque naquela época tive a intuição do inferno que o Rio ia se tornar, mas a diretoria do Salgueiro achava que só fazer carnaval já era demais. O contrato que fiz com o Anísio [Aniz Abraão David, então vice-presidente, atual presidente de honra da Beija-Flor] previa a obra social", disse em entrevista à Isto é (03 de março de 2003), quando já havia deixado a Azul-e-Branco da Baixada. O enredo escolhido para 1976 foi *Sonhar com rei dá leão*, homenagem direta ao jogo do bicho a partir do sonho de um apostador e que trazia implícitas muitas vontades. A primeira delas, claro, homenagear Natalino José do Nascimento, o lendário Natal da Portela, que falecera em 5 de abril de 1975.

Mas ela queria mais: crescer, voar, lavar seu nome, mostrar que era bronzeada e tinha o seu valor. Além disso, Anísio já era o protagonista do jogo do bicho na Baixada e queria se inserir no rol dos grandes banqueiros do centrão. A fusão de Guanabara e Rio, orquestrada pela ditadura, deu lá seu empurrãozinho. Pouco reprimido e encarado até mesmo com olhares de inocência, corria o boato de que a brincadeira com 25 animais inventada pelo Barão de Drummond estava em vias de ser liberada pelos militares. Nesse sentido, a abertura temática da Beija-Flor pode ser definida como lenta e gradativa. Apenas nesse sentido. E porque na real foi uma virada sem precedentes aquela homenagem a uma loteria de sorte e azar então proibida, contada de forma lúdica e bem-humorada a partir de um sonho, e com um samba (o primeiro de autoria de Neguinho da Beija-Flor, então estreante na função de puxador) que – mesmo longe do brilhantismo melódico de algumas obras daquele 1976 – apresentava um dos estribilhos mais sacanas e foliões de todos os tempos: "Sonhar com filharada é o coelhinho / Com gente teimosa, na cabeça dá burrinho / E com o rapaz todo enfeitado o resultado, pessoal, é pavão ou é veado". João sempre falou abertamente daquele começo. "Eu perguntei ao Anísio: 'Tem alguma injunção política? Porque eu vou fazer um enredo subversivo'" (Isto é, 03 de março de 2003). E fez mesmo. Naquele ano, a Mocidade de Arlindo também brilhou com *Mãe Menininha do Gantois*. Já Fernando Pinto levou ao Império Serrano as *Lendas das sereias, rainhas do mar*.

Mas o palpite certo do público foi mesmo a Beija-Flor. O grito "Já ganhou!" ecoou durante toda a passagem e ela faturou mesmo um título inédito que pôs um fim a 37 carnavais sob a hegemonia das quatro grandes. De artista louvado e contratado a peso de ouro, Joãosinho virou rei. O céu era o limite: para ele e para o pássaro que, num voleio imprevisível, passou à frente das irmãs de mais peso. Mudança na ordem. Rapidinha curiosa: quilombo cultural revolucionário dos anos 1960, o Salgueiro apresentou mais um enredo afro, *Valongo*, de autoria de Edmundo Braga. O samba, de Djalma Sabiá, contudo, trazia um controverso trecho que, muito além de negar os preceitos humanistas consagrados pela agremiação, deve ter enfezado para valer os deuses afros: "Terminou o guerreiro num navio negreiro / Lugar do seu lazer feliz". Lazer feliz no horror dos porões de um tumbeiro? Bem, não havia entidade que descansasse em paz com tamanha afronta. Ironia do destino ou alguma ira superior, sabe-se apenas que a Vermelho-e-Branco se enfiou numa fila gigante à espera de novo título a partir daquele desfile. O jejum só foi acabar em 1993, nos braços do povo e de um samba de popularidade imbatível: *Peguei um ita no norte* – ou *Explode coração* para os mais íntimos.

Pai e filhos

QUANDO 1977 DEU o ar de sua graça, um questionamento unânime zanzava em todos os barracões, qual um fantasma folião em busca de sassarico: como virá a Beija-Flor? Teria sido fogo de palha, artista de um disco só, amor de carnaval – desses que não duram quase nada –, aquela vitória arrebatadora que fez piscar um sinal de alerta do tamanho da águia da Portela em todas as grandes, médias, pequenas ou ínfimas escolas? Ora, quem estava em cima, não gostou nada da reviravolta, e tinha voz em alguns veículos de imprensa, cuja receita para vender jornal residia na patrulha travestida de pretensa vontade de preservação das raízes. Na outra ponta da tabela, quem estava embaixo, tratou de se assanhar e até sonhou com a conquista de algum espaço no andar de cima. Natural. Para João Trinta, muito mais do que o desafio da segunda vez, aquele era o desejo de uma quarta vitória consecutiva, algo que Pamplona jamais poderia imaginar em seus mais vitaminados e etílicos delírios, quando instaurou a revolução dos carnavalescos nos anos 1960. Por falar nele, o artista-mestre (que fizera as vezes de analista dos desfiles por três anos) foi convencido a voltar para o seu Salgueiro, mesmo após aquela desagradável visitinha ao morro que nunca saiu da memória. Uma loucura de carnaval que duraria pouco, mas o suficiente para incorporar mais um nome à trupe de filhos: Renato Lage.

Nascido em Madureira em 21 de maio de 1949, Renato Rui de Souza Lage é filho da telefonista Baldina Paula e do técnico em eletrônica Manoel Esteves. O começo de vida aconteceu em Bento Ribeiro, subúrbio carioca, logo depois trocado, quando ainda moleque, pelas curvas e burburinhos de uma Copacabana que não parava de crescer. Ganhou corpo e barba na vizinhança de Rosa Magalhães, que se transformaria em sua grande rival, mas as avenidas de ambos só iriam se cruzar anos mais tarde. O pai de Lage desenhava bem e foi assistindo àquele talento todo que o menino percebeu sua vocação para as artes plásticas. Ainda adolescente, conseguiu ingressar na TV Continental, onde Manoel Esteves batia ponto. Não demorou para ser convocado por outras emissoras. Da TV Educativa, outra fábrica de sonhos onde Pamplona cantava de galo, só que como diretor, foi convidado por ele a fazer algumas alegorias do Salgueiro em 1977. Aceitou na hora. Renato conta que já era salgueirense desde 1965 – ele viu da pista o campeonato da escola no fantástico *História do carnaval carioca – Eneida*: "Tive o privilégio de começar numa época em que havia grandes artistas em atividade, como Arlindo Rodrigues, Fernando Pinto e João Trinta. A arte falava mais alto e era muito espontânea"[2].

O depoimento de Renato não é por acaso. Em 1977, pela primeira vez, o pai "guerrearia" com três dos seus filhos, agora crescidos e dispostos a tudo para dominarem a cena do carnaval. O Salgueiro de Pamplona veio com *Do cauim ao efó, moça branca, branquinha*, sobre a valorosa mesa brasileira, seus quitutes e marafos. Arlindo havia deixado a Mocidade e tomou o rumo de Vila Isabel (ao lado de Luiz da Silva Ferreira), ali pertinho de onde começou. Estava mordido com três derrotas seguidas, com o vilipêndio da nota 4 em fantasias na *Festa do Divino*, queria de volta o seu lugar de campeão dos anos gloriosos do Salgueiro. Um troca-troca de bandeiras, de repente, poderia reconfigurar aquele cenário tão favorável ao "guri" Joãosinho, que ele mesmo ajudou a fomentar.

---

2 Em entrevista concedida ao autor (Fábio Fabato) em 1° de outubro de 2010.

Enquanto isso, a União da Ilha do Governador, já na terceira folia seguida no grupo de cima – e num *mix* de intuição e autoconhecimento –, elaborava uma revolução alternativa à opulência visual que passara a dar as cartas na pista via Beija-Flor. A alegria, leveza, as cores e os materiais assumidamente baratos fizeram (re)despontar uma nova velha linguagem carnavalesca, que remonta ao próprio espírito e gênese da festa. A protagonista foi a mesma Maria Augusta Rodrigues embalada no seio do "quilombo" de Pamplona – e que retornara à escola no ano anterior com *Poemas de máscaras e sonhos*, baseado na vida do escritor Menotti Del Picchia: "A Ilha foi determinante na minha vida e eu fui determinante na vida da Ilha. Houve uma ressonância, sintonia, entre a minha maneira de pensar, aquela que cunhei na alegria dos carnavais de rua que brinquei no interior, do boi pintadinho e tantos outros, com a da escola. O carnaval é alegre, é alegria, tanto que o verbo é brincar. E o carnaval estava sério demais. Na carona da maravilha das três cores da escola, fizemos um estilo"[3].

O tema enredo que Augusta escolheu para a Ilha foi *Domingo*, um passeio carioquíssimo e em colorido alto astral pelo dia da semana em que quase todos podem se dar ao luxo de caçarem a felicidade bem longe do trabalho. O contraponto a João Trinta era assumido: o dualismo leveza *versus* gigantismo dominava os círculos de conversa da cidade, clássico longe do Maracanã, mas com torcida dos dois lados, nervos à flor da pele, milhões e milhões em ação. E pensar que quatro anos antes João e Augusta assinaram juntinhos um carnaval no Salgueiro... Ora, do lado oposto do ringue, ostentando o cinturão de campeã, a Beija-Flor trazia a mesmíssima receita de fantasia consorciada com luxo – *Vovó e o rei da Saturnália na corte egipciana* –, mas com um toque apimentado especial: para emudecer quem dizia que ele estava tratando mal o "verdadeiro" carnaval, João contra-atacou com uma proposta

3 Depoimento de Maria Augusta Rodrigues durante seminário realizado na Finep, em 4 de novembro de 2011, sobre as escolas União da Ilha, Caprichosos de Pilares e São Clemente.

que versava sobre a história da festa. Mas contada, obviamente, na carona do jeitinho Trinta de qualidade, aquele pra lá de característico. O tema apresentava uma velhinha que, ao assistir pela televisão ao desfile das escolas de samba, acabava por se recordar dos carnavais passados, alcançando até mesmo, pasmem!, as Saturnálias (festas pagãs dedicadas ao deus Saturno, protetor da agricultura no vasto Império Romano). Um desvario folião com mote paradoxalmente romântico, histórico e antropofágico – deboche puro e dionisíaco –, que terminava com uma direta defesa do espírito revolucionário atrelado ao trabalho do carnavalesco:

> De lá pra cá...
> Tudo se transformou
> Mas a vitória da folia ficou
> No encanto do meu povo que brinca
> Sambando quando samba a Beija-Flor

Quando abriram os mapas, lá estava mais uma vitória para a escola da Baixada. João rasgou o verbo em entrevista ao Jornal do Brasil (23 de fevereiro de 1977): "Quem disse que crioulo tem que ser despojado? Crioulo já é despojado o ano inteiro. Tem que vir enfeitado, emplumado, lantejoulado, coroado!" Campeão pela quarta vez seguida em quatro carnavais assinados, qual Cristo poderia segurá-lo? A imprensa não criou nenhum quiproquó, assim como intelectuais e o povão: abraço quase unânime. Quase. A turma da Ilha, obviamente, fez cara feia. Daquelas! O belo samba *Domingo*, hoje um clássico do gênero e requisitado em qualquer roda de samba com mínimo de predicados, não foi suficiente para o sonhado primeiro lugar. "A União foi julgada como escola desconhecida, pequena", decretou Maria Augusta, artífice do único movimento que, naquela ocasião, conseguia encontrar eco em meio à onda de encantamento e riqueza encabeçada pela Beija-Flor.

O resultado se completou com Portela em segundo (*Festa da aclamação*, de Hiram Araújo e Arnaldo Pederneiras com desenhos feitos por artistas como Rosa Magalhães e Lícia Lacerda), Ilha em terceiro, Salgueiro em quarto e Vila Isabel (*Ai, que saudades que eu tenho*) na quinta colocação. Pai e filhos embolados. Com duas formas de pensar e fazer carnaval tão díspares na liderança das discussões, a folia seguinte ganhava coloração de tira-teima. Mas poderia terminar em goleada histórica, caso pintasse mais um título da Beija-Flor. A guerra começou cedo: logo após a apuração de 1977, João já gritava para quem quisesse ouvir o enredo do ano seguinte: *A criação do mundo na tradição nagô*.

Como já virara agenda, no pré-carnaval de 1978, os puristas voltaram a atacar com toda força o crescimento das escolas e a possível transformação exagerada do que seria o legítimo carnaval. Arlindo Rodrigues, que voltou à Mocidade após a agremiação e ele perceberem que eram muito mais fortes se abraçados estivessem, pisou firme nos críticos: "Essas pessoas poderiam perfeitamente se contentar com os ranchos – fósseis melancólicos – ou então com as escolas que desfilam no terceiro grupo, que são exatamente como eram as grandes, 20 anos atrás. Ali está o 'autêntico' que tanto querem. Mas não, preferem o desfile das escolas do primeiro grupo para depois criticá-lo", disparou ele para a revista Veja (01 de fevereiro de 1978).

Nesse aspecto, os artistas estavam unidos e afiados: enquanto davam asas às suas ideias nos barracões, montavam um poderoso arsenal contra os conservadores de plantão. Pamplona, que seguiu no Salgueiro, fez coro com Arlindo: "O que significa voltar às origens? Que origens? Ser fiel à ingênua patriotada imposta pelo Estado Novo aos sambas-enredo? Restaurar o uso das pequenas lâmpadas nos cabelos e na lapela, para banir os atuais espelhos? Mas as lâmpadas – que obrigavam o passista a dançar com uma pilha entre as pernas – foram copiadas do teatro rebolado de Walter Pinto, que, por sua vez, as importou da Europa, e nada têm a ver, portanto, com supostas raízes" (idem).

Joãosinho também não deixou barato: "Trabalho com imaginação. Minhas plumas são espanadores desfiados. (...) Existe autoridade imposta e autoridade conquistada. Pergunta se a escola está descontente? O povo gosta de brilho, invenção. Fantasias? Escute, se não fosse o Flash Gordon, as pessoas iriam tomar um bruta susto quando o primeiro homem pisou na lua" (idem). O abraço multipartidário dos artistas, porém, acabava ali. Entre pai e filhos, a temperatura estava nas alturas. Se Joãosinho Trinta decidira apresentar o mito da criação do mundo segundo a cultura iorubá, trazida ao Brasil por três princesas africanas capturadas como escravas – *Iyá-Kalá, Iyá-Detá e Iyá-Nassô* –, Pamplona, que cantava para os quatro cantos o talento do pupilo ("É o filho rebelde e introduziu o fantástico no carnaval") resolveu implicar com ele e escolher... o mesmo enredo! O título era: *Do Yorubá à luz, a aurora dos deuses*. Eis o motivo de ligeira confusão entre os dois artistas amigos. "Pamplona quis esse ano me desafiar, escolhendo um tema igual ao meu. Sua aposta é que o vermelho telúrico do Salgueiro se presta melhor do que o meu azul para exprimir a terra africana. Só que o tempo de Aiê (terra) já passou pela avenida em 1971, com o samba *Pega no ganzê*. Agora, é o momento de Orum [o sol, o infinito]. Pamplona vai se estrepar: meu desfile vai se passar no céu e meu azul é semelhante ao de Iemanjá" (idem), provocou.

Já Maria Augusta, estimulada pelo sucesso no ano anterior, fez *O amanhã* na União da Ilha do Governador, sobre a eterna vontade do homem de saber como será o seu destino. O time não ganhara em 1977, mas não convinha mexer em receita que estava dando tão certo: o novo tema trazia pegada futurista, sim, mas tinha a ver com a vida das pessoas, tal qual o louvado *Domingo*. Sim, a proposta de leveza, alegria e cores continuava intacta. O Jornal do Brasil (03 de fevereiro de 1978) descreveu com precisão a força que a União da Ilha ganhara, mesmo errando na definição de um estilo carioquíssimo:

> Apelando para temas metafísicos [sic], *Domingo* e *O amanhã*, a União da Ilha desfila de novo no primeiro grupo. No momento, porém, é a mais criativa e simpática escola, já que faz um carnaval sem nenhum luxo, mas com flagrante originalidade. É a única escola este ano que anuncia ter gasto apenas CR$ 500 mil para desfilar, o que faz denotar bom senso e pé no chão. Um ponto inteiramente a favor da concepção de Maria Augusta Rodrigues, única carnavalesca de renome num ambiente antes dominado inteiramente pelos homens, que saiu do Salgueiro para colocar a União da Ilha também no rol das 'diferentes'.

No barracão, Augusta dava expediente com três bolsas penduradas, repletas de croquis, amostras de tecidos, metaloides, e dezenas de fitas de tecido coloridas. Certo dia, um rapaz polonês – Roberto Szaniecki (que, carnavais mais à frente, se tornaria um carnavalesco conhecido no Rio) – ofereceu um grande estoque de lamê e purpurina em troca de um lugar de destaque na agremiação. Queria desfilar andando sobre patins. "Eu acho ótimo, dá a ideia de futuro que o nosso enredo pretende", contou ela à Veja (01 de fevereiro de 1978), o que também demonstra a importância dedicada pela artista à incorporação de novos elementos ao desfile. Leveza, sim, mas com ousadia.

Já em Padre Miguel, as cifras da Mocidade, vitaminadas por um Castor de Andrade que crescia e ganhava espaço nas altas rodas, eram bem maiores – seis milhões de cruzeiros (12 vezes mais do que a Ilha) –, importante trunfo com o qual Arlindo Rodrigues contou para conceber as artes e festas populares do seu enredo *Brasiliana*. Na Portela, assumiram a linha de frente estética Rosa Magalhães e Lícia Lacerda, prova cabal de que a injeção de arte na veia dos jovens que frequentaram a casa de Jordano Sodré durante o *Pega no ganzê* contaminara o desfile das escolas de samba do Rio de forma irreversível. O enredo escolhido foi *Mulher à brasileira*, homenagem autoexplicativa, de autoria de Hiram Araújo.

A festa de artistas, portanto, estava plena e animada: Fernando Pinto, que abandonara o colo de Momo em 1977, voltou ao Império Serrano com *Oscarito, carnaval e samba: uma chanchada no asfalto*. Espetáculo com ares de superprodução internacional – ao todo, foram credenciados 1.710 jornalistas brasileiros e 131 estrangeiros para a festa que começou às 18 horas de domingo, 5 de fevereiro, e foi até mais de sete horas da manhã do dia seguinte. No fim das contas, brilhou de novo a estrela de Joãosinho Trinta. Ele colocou passistas no alto de carros, juntou dois sambas para conceber a obra que lhe dava segurança para ser levada à pista, bagunçou novamente o coreto e os nervos dos puristas. Os criativos e luxuosos figurinos, de autoria de Viriato Ferreira, antigo destaque do Salgueiro e então assistente de Trinta nos primeiros anos em Nilópolis (e que se tornaria um grande carnavalesco logo em seguida), foram outro espetáculo à parte. Viriato faturaria o troféu Estandarte de Ouro, conferido pelo jornal O Globo, de Destaque Masculino. A Beija-Flor, Geni de outrora ("feita pra apanhar, boa de cuspir"), convertida em estrela da companhia, protagonizou um desfile arrebatador, muito à frente do tempo. Tricampeonato. E penta. João era pentacampeão seguido de carnavais, um feito que jamais ninguém repetiria. Logo depois do desfile, o maranhense cunhou uma declaração que se tornaria o seu o pensamento mais polêmico, emblemático e, quiçá, a mais marcante fala de toda a história do carnaval: "Ficam dizendo que o luxo prejudica o desfile. Bobagem. Só enriquece. O povo gosta é de luxo. Quem gosta de miséria é intelectual".

Até os intelectuais gostaram da cutucada com ares de sociologia intuitiva, hoje o mantra *pop* da festa. Durante anos, houve polêmica sobre quem seria de verdade o autor da máxima. Muita gente boa insinuou que o jornalista Elio Gaspari, que publicou a fala, seria seu verdadeiro dono. O imortal Zuenir Ventura, em matéria na Revista O Globo (9 de novembro de 2014), colocou fim à polêmica: "Eu chefiava a sucursal da Veja no Rio e acompanhei o repórter Claudio Bojunga em uma entrevista com o Joãosinho.

Foi quando ele disse a famosa frase. Achei tão boa que resolvi passar para o Elio. Por tê-la publicado em primeira mão, muitos fizeram confusão, por mais que o Elio explicasse. Em suma: a frase é do João, em entrevista ao Bojunga".

Para a revolução "quilombola" dos anos 1960 – da qual o artista (e pensador) João virou a estrela suprema, o saldo daquelas Cinzas de 1978 foi surpreendente, já que todos os filhos de Pamplona ficaram à sua frente. Boicotado por um Salgueiro que estava um verdadeiro barril de pólvora político, o carnavalesco não conseguiu levar para a avenida o que planejara em desafio a Trinta. Perdeu e, ao voltar pra casa após o desfile, nove da matina no relógio, fez nova promessa de pés juntos para sua Zeni: "Nunca mais!" Dessa vez cumpriu. A Mangueira, do carnavalesco Júlio Mattos, foi vice, com *Dos carroceiros do imperador ao Palácio do Samba*. Aqui cabe uma pausa na narrativa, de modo que liguemos os holofotes sobre o contraponto para qualquer luxo, ousadia e frase emblemática: artista popular sem o menor cacoete de ligação com a Academia, Teatro Municipal ou quaisquer movimentos eruditos – "Nunca tive o curso ginasial para poder entrar na Escola de Belas-Artes"–, Mattos, o Julinho da Mangueira, caminhava muito pouco para chegar à sede da escola: residia no próprio Morro da Mangueira. Começara a carreira foliã na escola de samba Paraíso do Tuiuti, antigo Paraíso das Baianas, nos anos 1950, transferindo-se para a Mangueira na década seguinte. Até 1978, tinha conquistado para a Verde-e-Rosa os títulos de 1967 (*O mundo encantado de Monteiro Lobato*) e o de 1973 (*Lendas do Abaeté*). Jamais primou pelo rigor estético e a simplicidade das soluções e materiais conferia certo ar de purismo ao seu trabalho, o que agradava os entrincheirados da resistência. Era a antítese de João Trinta, mas, ao contrário de Augusta, sem a menor possibilidade de duelar com o campeão. A massa corporal da Mangueira, seu chão e tradição de risco no pé seguiam como as engrenagens que empurravam a escola. Julinho vinha a reboque naquela locomotiva cuja sina sempre foi o sucesso, mas não propriamente visual.

Anos mais tarde, Fernando Pamplona escreveria uma espécie de *mea culpa* (mesmo que sem culpa) para toda a revolução da qual foi pedra fundamental ao exaltar Júlio Mattos :"Ele é o Julinho, o Júlio Mattos, artista puro, simples e ingênuo: sem estrela na testa ou gás néon no chapéu. Artista do povo que não escolhe local nem tempo para trabalhar; que goza e vive o que faz. Tenho inveja do Julinho. Gostaria de ser ele" (Pamplona, s. d.). Mas Pamplona e os seus também eram do povo, já estavam em seus braços, por mais que por vezes duvidassem.

De volta à vaca fria, o mapa de apuração de 1978 seguiu assim: a Mocidade ficou em terceiro, Ilha em quarto, Portela em quinto. Pamplona e o Salgueiro terminaram na sexta colocação e, por uma posição – umazinha! –, não desceram de grupo. Seria triste demais uma derrota com queda do mestre dos mestres. Mas aqui vale um registro: ele e Júlio Mattos receberam as maiores notas no quesito enredo (grau máximo do escritor Bráulio Pedroso e nota 9 do cineasta Paulo César Saraceni – vitória pessoal do pai dos transformadores sobre a dita "nova geração", sobretudo sobre João Trinta, que, como vimos, carnavalizara o mesmíssimo enredo de seu guru). A história que protegeu o primeiro dos transformadores, porém, não poupou outro gênio: quem caiu foi o Império Serrano, com Fernando Pinto, Oscarito e tudo mais. A chanchada no asfalto ganhou duas notas 7 no quesito enredo e se desmantelou sem um mísero sorriso.

Partiu de Padre Miguel com destino a Ramos

COM A DISTÂNCIA, NO resultado de 1978, de mais de dez pontos da Mocidade para Beija-Flor e Mangueira – respectivamente, primeiro e segundo lugares –, o carnavalesco Arlindo Rodrigues cogitou jogar tudo para o alto e abandonar o carnaval. Até mesmo o presidente da escola tricampeã, Nelson David, estranhara a colocação da escola de Padre Miguel: "Acho uma injustiça o que fizeram com a Mocidade. Ela não merecia um terceiro lugar. Merecia mais". A intrépida dupla Osman Pereira Leite, mandatário da Verde-e-Branco, e Castor de Andrade tratou de entrar em cena e segurar o artista com uma promessa: "Dessa vez vai!" Ora, desde 1974, a Mocidade estava batendo na trave, mas acabou por colecionar desfiles bonitos que sempre tomavam alguma nota baixa com justificativa duvidosa. O estigma da "bateria com uma escola atrás" precisava ter sua página virada ou grudaria feito tatuagem e identidade definitiva. Já tinha musculatura, dinheiro, um belo artista e, claro, a fantástica bateria do maestro André. Faltava o caneco.

Arlindo escolheu em 1979 *O descobrimento do Brasil*, mesmíssimo enredo com o qual já vestira o Salgueiro em 1962. Sua tentativa derradeira seria falar do feito de Pedro Álvares Cabral em 1500 com certo ar de delírio, o que se tornaria marca indelével da bandeira alviverde da Zona Oeste a partir da década seguinte. O navegante português partira rumo às Índias, mas, segundo proclamava o samba, "Deus Netuno apareceu dando aquele toque de magia / E uma nova terra Cabral descobria", o que já denota certo flerte com o estilo fantasioso consagrado por João Trinta em seu pentacampeonato. O carnavalesco da Mocidade, porém, aceitaria ser comparado com qualquer teatro mambembe apresentado nos mais inóspitos e inapropriados lugares do Brasil, menos com o pupilo que, àquela altura, ganhara ares de desafeto. "Temos de temer a megalomania dos que querem transformar o carnaval em absurdo; prefiro fazer um enredo caretão, *O descobrimento do Brasil*, a buscar inspiração em Bosh [pintor alemão do século XV]. Não sou ufanista, mas o carnaval é brasileiro, é nosso" (Jornal do Brasil, 04 de março de 1979). E tome de abusar do branco e do prata, deixando o "verde-couve" apenas em alguns detalhes ao tratar das lendas que corriam à época das grandes navegações sobre os mares e o mundo desconhecido do lado de cá.

João escolheu para a sua Beija-Flor *O paraíso da loucura*, brincadeira com as inversões de papéis e classes nos quatro dias de folia. Alçado à condição de sociólogo com conhecimento de causa prático após formular o pensamento sobre pobre gostar de luxo e miséria ser coisa para intelectual, lá estava o gênio refletindo e brincando com o comportamento da sociedade. A ideia, em síntese, buscava apresentar um rei que dizia ao seus súditos: "Esqueçam os problemas da vida, o trem, o dinheiro, a bronca do patrão; joguem fora todas mazelas da rotina e tomem banho no chuveiro da ilusão". "Tenho medo de não ser compreendido", temia ele, rechaçando qualquer insinuação de que seu tema seria uma espécie de escapismo para os problemas do povo: "Quando chamamos a atenção para que esqueçamos os problemas, no fundo, estamos dizendo que existem". À época, novamente as páginas dos diários da cidade debatiam se, para vencer, as escolas deveriam copiar o modelo da Beija-Flor. João era contra. Ao saber que a Mangueira estaria estudando uma forma de suavizar seu verde-e-rosa, atacou: "Eu usaria o verde mais abacate e o rosa mais shocking, em vez de ficar fazendo *ton sur ton*, como se quisesse disfarçar". E desceu a lenha nos que chamavam de cafona a combinação de tais cores: "Pseudocríticos imbecis que depois vêm me cobrar raízes" (Veja, 30 de janeiro de 1979).

O carnavalesco já entrou naquela competição de 1979 perdendo: Viriato Ferreira, seu figurinista, trunfo dos campeonatos da Beija-Flor, foi convidado para assumir o carnaval da Portela. Aceitou. Saíra magoado da escola de Nilópolis após entrevista do presidente em que elogiava todos os profissionais envolvidos na conquista de 1978, menos ele. "O Nelson David punha o Laíla nas alturas, esquecendo-se de que no primeiro campeonato [1976] ainda não estava na Beija-Flor. Quando ele chegou, a cama já estava feita. O esquecimento do meu nome reforçou minha decisão de sair", disse ao Jornal do Brasil (04 de março de 1979). Viriato escolheu para a Portela o enredo *Incrível, fantástico e extraordinário*, também sobre os dias de carnaval. E não deixou de alfinetar o antigo e campeoníssimo colega da Beija-Flor: "João é um artista, nasceu para fazer o que faz, criatura privilegiada que sabe executar o que tem em mente, só que transformou a minha saída da Beija-Flor numa coisa pessoal e jogou uma escola contra a outra. Quando apresentei o meu enredo sobre o carnaval, ele mudou o seu de *A voz do povo é a voz de Deus* para outro exatamente igual ao meu. Achei que ele queria medir forças comigo e iniciou-se uma guerra de bastidores" (idem), afirmou.

Distante do continente, da briga entre as azuis e alçada à condição de América Futebol Clube do samba, a União da Ilha do Governador também viveu uma guerra dos diabos, mas nas internas. Estrela de simpatia e originalidade, a queridinha do povão nos dois carnavais anteriores perdeu a carnavalesca Maria Augusta Rodrigues. A opção temática da artista, *O que será?*, mais uma vez primava pela simplicidade e arrojo: um metaenredo, ou seja, um tema baseado nos próprios enredos das escolas de samba e em como se dão os processos de construção dessas histórias. Ficou no meio do caminho. Augusta encerrou sua participação na escola em 28 de outubro de 1978, dia da final da disputa de samba, por discordar dos métodos do presidente, Paulo Amargoso, para a escolha do hino. O mandatário queria a vitória da obra de Didi e Aroldo Melodia, mas o júri composto por Augusta e alguns componentes indicados por ela eliminou a composição (foram cinco votos contra) durante a semifinal. O presidente do júri, Ibsen Campos, não aceitou aquele veredicto e informou sua decisão ao presidente. "Eu também não concordei e não assinei a papelada", disse Amargoso ao Jornal do Brasil. Augusta, então, reuniu todos os seus colaboradores – Edmundo Braga, Paulino Espírito Santo, Ecila Cirne, dentre outros – em sua casa e elaborou uma carta-renúncia. Apenas Adalberto Sampaio, que havia sido seu aluno, não foi encontrado para assinar o tal documento. Dias depois, a Ilha anunciou que ele mesmo, Adalberto, seguiria o trabalho iniciado por Maria Augusta. Estava explicado o sumiço do pupilo no dia da carta.

No ato final do *show*, o confronto direto na pista, *O paraíso da loucura* da Beija-Flor sucumbiu. Brigas entre diretores no meio do desfile, gigantismo exagerado das alegorias, falta do toque especial que Viriato conferia aos figurinos, canto e harmonia bem aquém dos anos anteriores, enfim, tudo deu errado. Nem parecia a mesma Beija-Flor viçosa que, desde 1976, dera cabo dos seus fantasmas. Depois de carregar um morcego de fibra nas costas, Jorge Dantas, membro da comissão de frente, por exemplo, ficou um ano com as marcas da cangalha: a grandiosidade extremada prejudicara os movimentos, os fundamentos, o "chão" de Nilópolis. A disputa parecia polarizada entre Portela, que passou divinamente revigorada por Viriato, e a Mocidade da trinca Arlindo, André e Castor. Parecia.

Na apuração, a Beija-Flor começou na liderança e caminhava para um tetracampeonato que, sem dúvida, geraria conflito de fazer Natal da Portela voltar enfurecido do plano superior. Os equívocos do desfile, contudo, geraram penalização onde poucos acreditavam: em enredo (sétimo quesito a ser lido), a parte que cabia a João Trinta naquele latifúndio. A professora Neusa Fernandes, então diretora da Fundação Estadual de Museus do Rio, sapecou uma nota 6 no quesito, fulminando a escola e fazendo a Mocidade passar à frente. No fim das contas, deu Padre Miguel na cabeça, com Beija-Flor em segundo e, na terceira colocação, uma revoltadíssima Portela.

A vitória, finalmente, consagrou o trabalho de Arlindo Rodrigues na agremiação que ajudou a fortalecer. Desde 1971, no Salgueiro, estava afastado do gostinho da vitória. Ainda engasgado com aquela nota 4 em figurinos de cinco anos antes – quando foi fundado o reinado em sequência de João –, não conteve as alfinetadas. Para o colega, para o júri, para a imprensa e para quem mais passasse na frente. "Estão massacrando o coitadinho [Joãosinho Trinta]. Ele é muito talentoso, mas quer o sucesso rápido. Sei que tem talento, foi meu aderecista no Salgueiro, não precisa fazer essas coisas. [...]. Por que não entrevistam o João para ele dizer se não está arrependido do que fez? Ele deve ter uma justificativa. Foi utilizado para ir para cima, deve ser utilizado para que se defenda" (Jornal do Brasil, 04 de março de 1979), disparou ironicamente. Por fim, jogou confete na nota baixa em enredo conferida à Beija-Flor: "Os jurados devem ser contratados com noção de responsabilidade e de pulso, como essa senhora que deu 6 para a Beija-Flor. Ela não se intimidou com a fama da escola. Muitos deles têm medo de dar notas baixas às escolas famosas. No mínimo, deve-se exigir que o júri, mesmo não entendendo profundamente de escola de samba, seja bom profissional na sua área, música, artes plásticas etc. E deve classificar mais – não dar nota 10 para escola que achou maravilhosa e 10 para outra que apenas gostou" (idem).

Viriato Ferreira também não poupou o antigo parceiro: "Justamente porque transformaram a rivalidade da Beija-Flor e da Portela num verdadeiro Fla-Flu, o João quis colocar tudo o que tinha direito e não tinha na avenida. E sua escola ficou cafona. Transformou seus componentes em cabides, carregadores, ao invés de bailarinos" (idem). Dono de personalidade forte, Joãosinho jamais entregaria os pontos para as críticas de quem quer que fosse e, de quebra, elevou à décima potência seu fraco por teorias sociológicas e talento de bom frasista. Deu de ombros para o vice-campeonato, para as alfinetadas dos colegas e tratou de formular uma teoria que a revista Veja (20 de fevereiro de 1980) classificou à época de "estético-política", base de uma nova "revolução" da qual o carnavalesco queria ser o porta-estandarte: a revolução pela alegria. Sim, a avenida parecia pequena demais e ele não estava a fim de participar apenas de polêmicas em torno de resultados e mapas de apuração. Queria ir além, ou simplesmente escapar do blá-blá-blá sobre a interrupção de títulos seus em sequência. "Tenho repetido que o carnaval é o único momento de irrealidade, o momento de fugir das coisas comuns rumo a um instante de emoção. Por que não canalizar esta energia, que é desembocada no carnaval, para outras coisas, como o trabalho social que fazemos em Nilópolis?", disse ele ao programa Fantástico, da Rede Globo, no domingo seguinte à entrevista para a revista Veja.

Com a virada para 1980, imaginava-se que a Mocidade não ousaria mexer no time que estava ganhando. Ora, Arlindo não escondia de ninguém que estava feliz com a gestão e o estilo da Padre Miguel: "Eu frequento muito a escola, sim. E meu relacionamento é o melhor possível. O meu trabalho deve ser bom, bonito, para ganhar, mas respeitando as características da escola de samba, das raízes brasileiras e das pessoas, para que elas possam desfilar numa boa, não apenas em favor de uma exibição puramente minha" (Jornal do Brasil, 04 de março de 1979). Uma reviravolta no comando da Verde-e-Branco (saiu o presidente Osman Pereira Leite, deixando um vácuo momentâneo de poder), contudo, fez o artista desembarcar em outra escola de mesma coloração – a Imperatriz Leopoldinense –, localizada em Ramos e, à época, ainda pequena, cuja maior glória até ali esteve relacionada à escolha para servir de cenário à novela *Bandeira 2* (1972), da Rede Globo de Televisão. Na ocasião do folhetim global, o samba *Martim Cererê* foi sucesso Brasil afora e o ator Paulo Gracindo – que deu vida ao bicheiro Turcão – não podia passear sossegado pela rua, tamanho o assédio. A década correu e a repentina popularidade da agremiação fundada em 1959 ficou nisso. Em 1977, chegou a ser rebaixada do primeiro grupo com o enredo *Viagens fantásticas às terras de Ibirapiranga*, de autoria de Max Lopes, que, àquela época, já tinha deixado de lado os saberes de passista e chefe de ala para se dedicar ao ofício de carnavalesco.

O motivo para tamanha ascensão daquele grupamento escudado em enredos densos e culturais desde o nascedouro tem nome e sobrenome: Luiz Pacheco Drumond. Mais especificamente, a injeção financeira que promoveu na escola. Foi na esteira de um convite de Amaury Jório (ex-presidente da Associação das Escolas de Samba e da Imperatriz) que o bicheiro encabeçou a chapa para a eleição de 1976. Ganhou. Oriundo de uma das primeiras famílias a ocupar a região de Ramos e Olaria, a entrada de Luizinho era algo esperado e sua vitória no pleito foi apenas a confirmação de que novos tempos chegariam. Demorou um tempinho, mas chegaram mesmo. Um cheque de 600 mil cruzeiros trouxe Arlindo e seu talento moldado por Fernando Pamplona desde o Municipal. Ironia do destino, Luizinho era protegido e apadrinhado por Castor de Andrade, o bicheiro da Mocidade, e pediu licença para contratar o reforço de peso nos domínios do *Capo di tutti i capi*. Enquanto Joãosinho Trinta seguia firme na Beija-Flor, a Mocidade precisou buscar um nome de peso para suprir o baque de perder o carnavalesco campeão. Eis que chegou em Fernando Pinto, o ouriçado pernambucano que andava desgostoso com a festa desde o rebaixamento do Império Serrano em 1978, mas que trazia no currículo o título de 1972, com o enredo sobre Carmem Miranda. Será que ele sentia alguma nota de nervosismo por substituir Arlindo?

"Arlindo até me telefonou, mas a minha responsabilidade é assumir uma escola que ganhou o primeiro lugar. Arlindo tem um trabalho incrível, mas nada a ver com o que eu faço", disse ele, sem fazer rodeios. Escolheu o enredo *Tropicália maravilha*, síntese meio ufanista, meio crítica do nosso país, espécie de cartão de visita para o estilo que consagraria na Mocidade, anos mais tarde. Na Portela, Viriato, ainda mordido com o vice-campeonato da Beija-Flor no ano anterior, fez *Hoje tem marmelada?* (com interrogação mesmo), ode ao circo, mas que trazia embutida uma crítica velada ao julgamento do carnaval, notadamente o de 1979. Apesar da liderança de Arlindo, que revestiu a até então acanhada Imperatriz de favoritismo com o enredo *O que é que a Bahia tem?*, João Trinta seguiu na crista da onda. Foi capa da revista Veja (20 de fevereiro de 1980) na semana da festa, em reportagem que, além de apresentar detalhes do enredo *O sol da meia-noite, uma viagem ao País das Maravilhas* (sobre heróis e lendas infantis), trouxe vários depoimentos dos colegas sobre seus métodos e proposta de trabalho.

"Ele não sabe desenhar", desdenhou Viriato, que, à moda do antigo parceiro (e talvez inspirado nele), também apresentava ideias bem avançadinhas na ocasião: "O público é muito passivo, vamos provocá-lo como no teatro de participação do Zé Celso", afirmou, referindo-se ao diretor José Celso Martinez Corrêa, do grupo Oficina. "Não quero um carnaval pesado como o de Joãosinho. Meu estilo é a comicidade", definiu-se. Já o campeão Arlindo, mais ponderado, limitou-se a dizer que "Ele seguiu um caminho arriscado, não deixa o componente brincar". Por outro lado, Fernando Pinto, em entrevista para a Folha de São Paulo (08 de fevereiro de 1980), derramou-se em elogios, quando questionado sobre o que pensava do carnavalesco da Beija-Flor: "Joãosinho é divino, criativo, incrível. Já acertou muito e, no ano passado, errou, o que acontece a todo mundo. Errou, inclusive, por um problema estrutural, do desfile, com a avenida superlotada, sem espaço para suas imensas fantasias. Mas como só quem não admite erro são as pessoas de cabeça fascista, o Trinta, no fundo, estava certo. Ousou, criou e – pelo menos uma vez – errou. Isso pode acontecer comigo ou qualquer outra pessoa, em qualquer ramo ou atividade".

No fim das contas, num resultado que, numa comparação rasa, revisitou o placar (empate) de 1960 – ponto de inflexão da folia contemporânea –, três escolas terminaram em primeiro lugar: Imperatriz (Arlindo), Beija-Flor (Joãosinho) e Portela (Viriato). Na segunda colocação, outras três: a Mocidade (de Fernando Pinto), União da Ilha e Vila Isabel. Felicidade para os chaguistas de todas as cores e, claro, para três dos grandes bicheiros – Anísio, Luizinho e Carlinhos Maracanã, o gerentão da Portela. Apenas Castor de Andrade sorrira amarelo ao cantar da última nota, mas o vice não foi de todo ruim. Com a vitória da Imperatriz (mesmo na carona de um triplo empate), reconfigurava-se a geografia foliã do Rio, já que, a partir de então, três irmãs (Beija-Flor de Nilópolis, Mocidade Independente de Padre Miguel e ela, Imperatriz Leopoldinense) ostentavam credenciais e musculatura para enfrentar as "maiores", sem receio de falarem grosso. Mais do que isso: "O samba-maravilha impôs seu estilo ao carnaval e agora as novas estrelas socorrem a tradição", sapecou a imprensa (Veja, 11 de março de 1981). Ora, Castor e Anísio acertaram até casar um dinheiro para salvar a quase falida Mangueira. Sim, era a nova virada, tal qual aconteceu no quilombo de Pamplona. E Arlindo, mais uma vez, participava do momento histórico dentro das quatro linhas, distribuindo as bolas no meio de campo. Isto sem falar de João, "filho" rebelde de Pamplona e também de Arlindo, aprendiz de gênio e feiticeiro, o midiático renovador. Com o bicampeonato, dessa vez solitário, da Imperatriz em 1981 – *O teu cabelo não nega* (enredo em homenagem ao compositor Lamartine Babo) –, consolidou-se (para os que ainda duvidavam) o poder dos carnavalescos consorciados com as vultosas cifras provenientes da contravenção. Beija e João ficaram em segundo (*Carnaval do Brasil, a oitava das sete maravilhas do mundo*) e a Portela de Viriato em terceiro (*Das maravilhas do mar fez-se o esplendor de uma noite*). O poder era o luxo. E o bicho.

Seguem os Oitenta, gênios soltos no asfalto

Samba S.A.

O SOL ESTAVA A pino quando o Império Serrano tomou de assalto a Avenida Marquês de Sapucaí para reclamar contra todo aquele crescimento exagerado sentido pela folia nos anos anteriores. Era manhã do dia 22 de fevereiro de 1982 e o canto trazia um título bastante curioso. O pai de todos, Pamplona, como prometido, pulara fora, passando a apenas escrever e sugerir enredos (que seriam desenvolvidos por seus pupilos). Nota rápida: além disso, se tornou o grande comandante da transmissão de carnaval da TVE e brilhou, mais tarde, na extinta Rede Manchete, atuando como comentarista. Pois bem. Foi a partir de uma das ideias do mestre – *Onze, Candelária e sapeca aí* – que Rosa Magalhães concebeu, em parceria com Lícia Lacerda, *Bumbum paticumbum prugurundum*, crítica ferrenha ao movimento de verticalização das escolas de samba. No samba, constava o libelo de todos os puristas que torciam os narizes para as novidades que o dinheiro impunha ao festejo: "Superescolas de samba S.A., superalegorias / Escondendo gente bamba, que covardia". O título do enredo foi baseado numa onomatopeia cunhada por alguns sambistas, como Ismael Silva. A despeito da aura trava-língua para derrubar os de fala presa, a curiosa expressão (e o samba) se tornariam clássicos popularíssimos por todo o Brasil.

Nas Cinzas, deu Império na cabeça, deu Estandarte de Ouro para a obra-prima de Beto Sem Braço e Aluísio Machado, e as escolas que puseram destaques humanos no alto das alegorias sofreram o revés da perda de pontos. João ficou, para próprio espanto, em sexto lugar com *O olho azul da serpente*, colocação que não abalou suas convicções. Terminou bravo apenas com Rosa Magalhães, que inseriu uma controversa homenagem a ele na crítica imperiana ao crescimento da festa: uma escultura de Trinta fechava o desfile, espécie de símbolo dos "novos tempos". Ele considerou que a citação da colega tinha ares de implicância e ficaram dois anos rompidos.

Se não fosse o severo desconto imposto pela presença de figurantes sobre os carros, a Imperatriz abocanharia o tricampeonato com *Onda canta o sabiá*, de Arlindo Rodrigues. Arrumou uma terceira colocação. Fernando Pinto, que fez a Mangueira, ficou em quarto lugar com *As mil e uma noites cariocas*, mas a relação terminou azeda. Apesar do apoio de Dona Neuma – "O menino é muito talentoso!"–, a bateria não gostou das estrelas desenhadas para os chapéus, muito menos de uma malha coladinha no corpo. E a definição que o carnavalesco encontrou para dizer que manteria o tradicional matiz da escola? É "um verde meio hepatite, puxado pro amarelo".

Não poderia dar mesmo certo. Aquelas eram duas genialidades opostas (uma mais tradicional, a outra descabelada) em rota de colisão, Marlene e Emilinha no mesmo auditório de rádio. Nem mesmo os deuses do samba poderiam contê-los. "Esse menino, no fundo, é maluco demais!", encresparam-se, por fim, outros baluartes da época. E Pinto saiu de Mangueira enfurecido e com os cabelos mais arrepiados do que nunca, direto para a fase mais motivada e louvada em Padre Miguel. Convexo Pernambuco prum lado, convexo Verde-e-Rosa pro outro. Não, não houve côncavo. Nem encaixe. Era um Pinto e uma Mangueira, ora. Apesar do grito de alerta do Império ecoar até hoje, aquele foi um título de resistência praticamente isolado. A arte dos carnavalescos seguia na ponta da moda, os destaques voltaram para os seus poleiros e o vil metal garantia o sucesso.

Arlequinadas

ARLINDO RODRIGUES SEGUIU NA Imperatriz Leopoldinense em 1983. A escola foi a sua dama perfeita, com quem trocou os melhores passos e olhares no salão, a Colombina por quem mais se sentiu amado, apesar dos títulos que também conquistou no Salgueiro e na Mocidade Independente. O bicampeonato em 1980 e 1981 e a certeza de que fizera o melhor trabalho estético de 1982 já tinham elevado seu passe às alturas: mais de um milhão de cruzeiros. Logo depois do título com Lamartine, demonstrou preocupação com os rumos da festa: "Tudo está muito depressivo", decretou. Ora, ganhara em todas as décadas desde 1960, deu corpo para as, antes dele, pequeninas Mocidade e Imperatriz, desenvolveu na prática seu aprendizado para o caminho das pedras. A partir dali, tratou de abolir seu fraco pelo branco, incorporou mais cores à estética do grupamento de Ramos, recém alçado ao posto de protagonista. Mas insistiu na tecla cultural da festa, no desejo de seguir contando boas histórias, algo que fazia desde a dupla montada por Pamplona. Catapultado pelos recursos astronômicos despejados por Luizinho Drumond, deu a arte-final para aquela instituição, que, mesmo pequenina, e depois, repaginada, desde os anos 1960 sempre foi viva, pulsante e, como não?, ousada: inventou os departamentos culturais, foi cenário de novela, fez enredo em homenagem até para a Marquesa de Santos, rival assumida da monarca que dá nome à escola.

Em 1983, ciente de que Leopoldina seguraria qualquer tranco, o carnavalesco resolveu revisitar dois de seus enredos campeões pelo Salgueiro, mesclando *Xica da Silva*, apresentado em 1963, com pitadas de *Festa para um rei negro*, de 1971. Desse sarapatel histórico, fez-se *O rei da Costa do Marfim visita Xica da Silva em Diamantina*, emoldurado por figurinos e alegorias que embasbacaram a multidão presente à Sapucaí naquela manhã de segunda-feira. Só no chapéu do rei havia 250 plumas de faisão prateado, que custaram 7.500 cruzeiros cada uma. No fim das contas, porém, tiro n'água: ficou apenas em quarto lugar. Com o afastamento de Luizinho Drumond, que resolveu tirar umas férias da agremiação depois de oito anos de poder, Arlindo também juntou seus trapos e pincéis, abandonando a monarca amante foliã. Dessa vez, não quis dar asas a nenhuma bandeira de menor porte, como fizera por duas oportunidades. Estava cansado. Era tempo de um reencontro há muito adiado, chama acesa pela inauguração do sambódromo, naquele 1984 de puro brizolismo e novidades. Voltou para o Salgueiro. E com Laíla a tiracolo, que tivera passagem pela Unidos da Tijuca.

O enredo recebeu o nome de *Skindô, skindô*. Inspirado no *show Na pista do samba*, de Haroldo Costa, a escola estrearia a passarela do samba contando a história dos diversos ritmos musicais do Brasil, sem se esquecer das origens africanas, desembocando numa homenagem à própria história da agremiação, que se tornara balzaquiana no ano anterior. A sinopse, sintética e absolutamente aberta à criatividade dos compositores, gerou um dos mais cantados refrãos daquele carnaval: "Oiá, oiá / Água de cheiro pra Iôiô / Vou mandar buscar/ Na fonte do senhor".

Apesar da empolgação gerada pelo belíssimo hino, o Salgueiro teve problemas (a bateria quase se recusou a desfilar) e terminou na quarta colocação no desfile de domingo, o que automaticamente o excluiu da disputa do supercampeonato, no sábado seguinte. Rapidinha: a Mangueira, com o histórico *Yes, nós temos Braguinha*, meia-volta na Apoteose e tudo mais, foi a grande supercampeã – primeiro título de Max Lopes que, ao trabalhar de forma singular diferentes matizes do verde-e-rosa da escola (e também os tons de outras coirmãs que viria a assumir), acabou consagrado com a generosa definição de "Mago das cores" da folia do Rio.

Voltando a Arlindo, seu *revival* com o Salgueiro durou apenas aquele ano. Nunca mais participaria da comissão de carnaval da agremiação. Em 1986, desfilou, sim, na escola tijucana, mas na comissão de frente, com o enredo *Tira da cabeça o que o bolso não dá*, tributo salgueirense a Fernando Pamplona que quase terminou em processo do homenageado contra a escola. Naquele 1986 de chuva torrencial na avenida (o carnavalesco não assinou nenhum desfile nas escolas grandes em 1985), rumou para a União da Ilha do Governador, onde desenvolveu o elogiadíssimo *Assombrações*.

Chegou à União – que trazia impregnadas na pele e no fundo d'alma as características implementadas por Maria Augusta Rodrigues e replicadas por desfiles como *Bom, bonito e barato* (de Adalberto Sampaio, 1980) e *É hoje* (de Max Lopes, 1982) – mostrando sua vocação de grande e maleável diretor para aquele espetáculo todo: "Eu fui obrigado a encarecer um pouco as coisas, porque a comunidade lá da Ilha é uma coisa tão imensa, que chega a ser prejudicial à escola. Tive de aumentar o preço para diminuir o número de componentes. Há carnaval para todos os níveis, cada um escolhe o seu. Querer ir para o primeiro grupo custa um pouco mais de dinheiro. Há o terceiro, o quarto, os ranchos" (Jornal do Brasil, 09 de fevereiro de 1986). No pré-carnaval, participou de um debate ao lado de Joãosinho Trinta, quando recebeu um festival de elogios rasgados disparados sem freios pelo carnavalesco da Beija-Flor: "Não se pode, ao falar dos carnavais do Salgueiro, esquecer do Arlindo. Eu até me esqueço, tudo bem, porque eu era a parte executiva. A parte legislativa era com Pamplona; a deliberativa, com o Arlindo, que realmente era quem armava, desenhava, projetava as coisas, objetivava tudo" (idem).

Na pista, a chuva que desabou sobre a Beija-Flor apanhou a União da Ilha, já armadinha na concentração, desprevenida. Foi a terceira escola de segunda-feira a pisar a passarela. O toró, claro, atrapalhou, mas o grupo insulano passou feliz da vida com aquele enredo todinho pensado para o seu DNA festivo, sem deixar de lado as marcas do artista ninado no Municipal: acabamento impecável e belíssimas sacadas estéticas. Lá estavam o leão do imposto de renda, o FMI e até o temor da bomba atômica. À época, chegou a ser cogitado que todas aquelas assombrações também traziam um certo "quê" de metáfora autobiográfica para um momento ruim que Arlindo passava em sua vida pessoal. Ele desconversou.

No final do enredo, a mensagem do poeta das formas foi a seguinte: "O amor é salvação contra todas as assombrações. Só o amor constrói para a eternidade". Ficou em quinto lugar. Pouco depois do carnaval, no dia 1º de março, os jornais anunciavam a volta de Arlindo para a Imperatriz Leopoldinense. Na ocasião, a escola vivia suas próprias assombrações sem o dinheiro do começo da década (Luizinho estava afastado e regressou também em 1987). O enredo, *Estrela Dalva*, versava sobre a história da cantora Dalva de Oliveira, genial – e também assombrada, só que por dramas amorosos que renderam duelos musicais e páginas e mais páginas de fofocas em revistas. O desfile, bem abaixo dos melhores trabalhos do carnavalesco, ficou em sétimo lugar. Arlindo já estava bastante doente e o verso de cabeça gritado por toda a comunidade de Ramos viraria prelúdio de um triste acontecimento meses mais tarde: "Oh, saudade... / Hoje você é carnaval". Sim, o hino entrou para a história como o réquiem do Arlequim, de "Lindoca" – como era carinhosamente chamado no barracão da Imperatriz –, do filho, irmão, amigo e parceiro de Fernando Pamplona, o pai de todos. No dia 8 de outubro de 1987 (a *causa mortis* foi uma embolia pulmonar), falecia Arlindo Rodrigues. Virou anjo barroco e escola a ser seguida por muitos cenógrafos, carnavalescos ou fãs puramente. Cortina fechada.

Sou independente, vou a qualquer lugar

FERNANDO PINTO ERA LIVRE. Um libertário adorável, daqueles que usam arte para deixarem jorrar suas inquietudes e questões. "Enredos são um delírio? Pode ser. Mas um delírio perfeitamente organizado, consciente e crítico. Vou ser ousado nem que perca todos os desfiles da minha vida. É a minha cabeça", disse à Folha de São Paulo (08 de fevereiro de 1980). Em 1980, ano da Tropicália, convenceu a bateria Nota 10, tão famosa quanto a escola, a se apresentar de "índios tupis emancipados". Isso implicou no uso obrigatório, segundo sua singularíssima visão, de óculos Ray-Ban, relógio Cartier falsificado, nos pulsos, camisa havaiana, calça anos 1950 de padronagem oncinha, sapato de bico fino de duas cores, além de cabeleiras e cocares de índios para todos. Deu certo. Mas uma outra ala, só de homens, bateu o pé e não queria vestir uma fantasia de flores e frutos tropicais. Fernando se dirigiu ao "bando de machões tropicais", aspas suas, com todo o jeitinho bom de lábia: "Não é o hábito que faz o monge. O fato de vestir uma melancia na avenida não vai diminuir a masculinidade de ninguém". E lá estavam os barbudos todos de frutinhas.

O vice-campeonato não agradou muito a Castor e a direção: foi demitido. Mas voltou em 1983 querendo revanche e revoluções. Dessa vez, a coisa engrenou e agradou nas internas, a despeito do olhar ainda pouco complacente do júri. *Como era verde o meu Xingu*, temática ecológica e com a pimenta da crítica social em defesa dos índios que salpicou por toda a sua obra, foi um estouro popular na avenida. "O meu amadurecimento não implica em podar nem diminuir a minha liberdade de ousar." Mais do que uma frase de efeito, um mantra – que ele repetiu a todo custo a partir de então.

No *Xingu* de Fernando, a história começava com a natureza antes da invasão do homem branco, passava pelo desmatamento, derivando para um final surpreendente: *Deu a louca no Xingu* e *Revolta da Mãe Natureza*. Neste último, camaleões guerreiros – nada mais surrealista! – eram convocados para defenderem a terra verde, chão sagrado dos indígenas. As Cinzas, porém, trouxeram muitas reclamações, sobretudo em razão da nota 6 de Messias Neiva para as alegorias da escola. O jurado afirmou para o jornal O Globo (19 de fevereiro de 1986) que julgou o desfile "como artista e não como sambista", já que nada entendia de samba. Disse também que não havia recebido qualquer orientação por parte da Riotur, a então entidade organizadora dos festejos: "Fui lá e dei nota de acordo com o que senti na hora". Ainda na reportagem, referiu-se ao enredo da Mocidade Independente como "aquela coisa da selva": "No segundo carro, vinham tatus nas copas das árvores: foi nesse carro que ela levou pau. Se ela colocasse os pássaros em cima e o tatu embaixo, eu aumentaria a nota em 2 pontos: de 6 para 8".

Se um bom chá de licença poética faria bem ao confuso Messias, fato é que, logo após as Cinzas, o colunista Zózimo Barroso do Amaral, em sua coluna no Jornal do Brasil, sapecou uma nota desancando o júri. Nela, se dizia que artistas e intelectuais das artes plásticas não ficaram nada satisfeitos com as notas baixas recebidas por Fernando Pinto. Apesar da defesa, é nítida a visão preconceituosa contra os artistas de carnaval, como se não fossem verdadeiramente artistas. As conquistas de Pinto, João Trinta e, indo mais longe, de Pamplona, dentre tantos outros, ainda não haviam sido abraçadas pelos encastelados do outro lado do Túnel Rebouças.

Eis o conteúdo da nota:

> Assim como o público em geral torceu o nariz para o resultado do desfile das escolas de samba, também um grupo de grandes artistas plásticos, motivados por comentários do crítico Frederico Morais, está disposto a manifestar seu desagrado com o que considera uma grande injustiça com Fernando Pinto, autor do carnaval da Mocidade Independente de Padre Miguel.
>
> [...] Para o grupo, não há comparação entre o que foi criado por Pinto em matérias de adereços e alegorias e o que foi apresentado pelas outras escolas, *y compris* a Beija-Flor.
>
> [...] A indignação é tanta que estão dispostos até a manifestações de desagravo, como jantares, promoção de exposições de seus trabalhos em galerias etc.
>
> [...] O trabalho de Fernando Pinto chega a ser comparado por alguns à obra de um verdadeiro artista. Algumas de suas criações, segundo outros, poderiam figurar no acervo de qualquer colecionador de obras de arte em pé de igualdade com esculturas assinadas por artistas consagrados (Jornal do Brasil, 20 de fevereiro de 1983).

Tirem suas próprias conclusões. No ano seguinte, veio a construção da Marquês de Sapucaí, e mais um carnaval fantástico – *Mamãe, eu quero Manaus*. O enredo trazia uma visão bem-humorada da ascensão e decadência da muamba no Brasil. Uísques, perfumes, "tapete persa e azulejo português". Não faltaram referências ao comércio ilegal no Brasil desde os tempos da vovó e até mesmo as baianas caíram no samba com traje de muambeiras, perucas e tudo.

Fernando mostrou que era visionário e sagaz: nos três primeiros carnavais – com aquela interrupção já expressa nos anos de 1981 e 1982 –, conquistou a escola, fez com que entendessem sua liberdade e criatividade. Armou a lona, portanto, para ir além, bem mais longe do que a festa poderia julgar. Em 1985, deixando de lado esse "mundo louco", resolveu antever uma folia espacial.

Pretensão? Bem, a Mocidade conseguiu levar para a avenida um, até então, inacreditável *Ziriguidum 2001, carnaval nas estrelas* (clara inspiração em *2001*, de Stanley Kubrick e Arthur Clarke). "Posso dizer também que vi muito Flash Gordon e li Isaac Asimov, que popularizou o robô em atuação com o ser humano" (Veja, 27 de fevereiro de 1985). Na avenida, todo o desfile foi transportado para o espaço sideral. Baianas extraterrenas com capacete de abelhas, ritmistas argonautas, Monique Evans (rainha de bateria) metaleira, um carro à la nave-mãe com minidesfile (o primeiro grande acoplamento alegórico da história). Fez-se uma espécie de cortejo lúdico da lua ao sol, transcendendo tudo o que se sabia e fazia do carnaval até então. O título original não seria este, mas sim *Requebros imediatos de terceiro grau*. Acharam ousado demais, apesar de a escola ter adorado virar a moderninha do clube das grandes. E teve sambão? Sim, ele estava lá: "Sou a Mocidade / Sou independente / Vou a qualquer lugar". E ela foi mesmo, ao primeiro lugar, ao topo do universo do carnaval. De novo.

"Posso dizer que cheguei a um estilo próprio na Mocidade, escola jovem, na qual posso desenvolver o meu trabalho inovando. A faixa etária dos integrantes da escola está entre 20 e 25 anos. Isto dá uma maior liberdade de atuação e tema. A Mocidade do tempo da Tropicália não é mais a de hoje. Foi renovada nos últimos quatro anos. O seu estilo agora vem do próprio nome: Mocidade", disse ele à revista Veja (idem), no dia seguinte à vitória. Sobre os principais adversários, foi político, mas diminuiu os elogios a João Trinta: "É difícil falar do trabalho dos outros, mas acho que meus temas são mais atuais. O Arlindo Rodrigues, por exemplo, é mais 'armorial', limpo, claro, refinado. Já o Joãosinho Trinta é mais lúdico, mais brincalhão. Não há coisa mais jocosa do que o trabalho do Joãosinho. Em relação a eles, porém, sou mais rebuscado, mais elaborado. Joãosinho tem essa liberdade carnavalesca de não ter critério. Eu procuro fazer um segmento histórico".

Naquele 1985 de Brasil pulando fora da ditadura, Fernando dividiu as atenções com outro talentoso Fernando, só que Luiz

Fernando, Reis por sobrenome, professor de matemática entre um carnaval e outro (e artista nos quatro dias mágicos), que brilhara na Caprichosos de Pilares em 1982 (*Moça bonita não paga*, sobre a feira livre) e 1984 (*A visita da nobreza do riso a Chico Rei num palco nem sempre iluminado*, homenagem a Chico Anysio). Naquele momento, chegara ao seu ápice de originalidade com *E por falar de saudade*, parceria com Flávio Tavares.

Tratava-se de um enredo-povão sobre as muitas saudades com assumida inclinação política, e que remetia ao tempero de leveza da União Ilha dos anos 1970. Arrebatou o povão desfilando com sol na moleira, mas não chegou a seduzir o júri: quinto lugar. Ficou no ar a ideia de uma "revolução viúva Porcina", a que foi sem ter sido.

No ano seguinte, a Pilares já perdia força (apesar de Luiz Fernando Reis ter arrebatado o Estandarte de Ouro de Personalidade com *Brazil com Z não seremos jamais, ou seremos?*) e a Mocidade sentiu um golpe no seu coração: uma briga de Fernando Pinto com a diretoria o deixou de fora dos desfiles. Resolveu dar asas a um outro sonho e talento, o de cantor, com a gravação do LP *Estrelas*. Castor afirmara que o trabalho do artista era muito caro e Pinto tratou de engavetar *Brasileia desvairada*, o enredo que pretendia levar para a pista em 1986. Na mesmíssima entrevista para a Veja após o título de 1985, podemos notar sua personalidade forte, razão pela qual enfrentou, logo a seguir, o poderoso bicheiro, pulando fora do time campeão. Mais ainda: o porquê de ter caído no gosto dos "artistas de verdade", para citarmos a adjetivação da coluna do Zózimo de 1983. "Tenho a preocupação primeira com a arte. Do *Xingu*, em 1983, mostrei umas peças na Galeria César Aché, em Ipanema. E este ano também vou mostrar os adereços da Mocidade no Estúdio Babilônia, em Laranjeiras. Além disso, estou em entendimentos para levar uma exposição para Nice, na França", disse.

A Mocidade, então, foi buscar, no Salgueiro, Edmundo Braga e Paulino Espírito Santo, que conceberam *Bruxarias e estórias do arco da velha*, um passeio pelo mundo da feitiçaria. O animado samba não impediu uma colocação frustrante: sétimo lugar. Logo após as Cinzas, trataram de retomar os contatos com Fernando e, dessa vez, o arrependido Castor abriu os cofres com um sonoro "Volta, garoto!" Topou. Depois de viajar ao espaço em 1985, dessa vez, o carnavalesco resolveu fincar seu talento bem em solo brasileiro: *Tupinicópolis* foi o enredo escolhido.

"A arte indígena brasileira é revisitada e revivida na estética pós-Marajoara Tupinicopolitana. A moda é o Tupi Look. É a Era do Tupi Power. É a cultura tupiniquim falando para o mundo via Tupinicópolis", dizia a sinopse, que tratava de uma metrópole de índios com referenciais do homem branco. Na verdade, um painel crítico à sociedade, à exploração das terras indígenas, à má distribuição e demarcação geográfica do Brasil. Como não se lembrar dos índios patinadores, das boates, shoppings e melhores redutos da cidade imaginária de Tupinicópolis, do tatu guerreiro verde, uma das mais oníricas representações alegóricas? A Mocidade fechou os desfiles daquele ano com o sol a pino, animação e uma sede de novo título nas alturas. O samba, mexido pelo carnavalesco após a disputa, mesmo abaixo do enredo, tornou-se um clássico: "E a oca virou taba / A taba virou metrópole / Eis aqui a grande Tupinicópolis!"

Na quarta-feira, o resultado entregou um polêmico vice-campeonato, apesar das notas da atriz e modelo Marina Montini, uma das musas do pintor Di Cavalcanti. Julgadora do quesito conjunto, a mulata concedeu nota 10 apenas para a Mocidade.

Nem a polêmica avaliação derrubou a Mangueira, que foi bicampeã (ganhara em 1986 com um enredo em homenagem a Dorival Caymmi) na carona de tema-exaltação ao poeta Carlos Drummond de Andrade – último título do campeoníssimo Julinho Mattos, que se sagrou campeão em três décadas diferentes (1960, 1970 e 1980). Pouco depois do carnaval, Fernando escolheu novo enredo crítico para 1988, dessa vez falando do turbilhão social e político que o Brasil enfrentava no governo José Sarney: *Beijim, beijim, bye, bye, Brasil*. "Vou brincar com essa atualidade brasileira, debochar desse falso otimismo", declarou. No dia 29 de novembro de 1987, porém, na avenida chamada Brasil – pindorama que cantou, viagens adentro, em verdes, amarelos e bandeiras –, ironia macabra do destino, um acidente de carro matou o genial artista. Na altura do quilômetro 19,5, o Gurgel branco com placa de Miguel Pereira se chocou contra um poste no lado direito da pista de descida da via, quando voltava de um ensaio na Mocidade com dois amigos. Fernando, que não estava ao volante, morreu a caminho do hospital. Em menos de dois meses, dois dos maiores renovadores do carnaval faleceram, um baque sem precedentes.

Sem o toque final do gênio, a agremiação ficou em oitavo lugar – empatada com a Caprichosos de Pilares e a Tradição, escola que tinha sido fundada em 1984, a partir de uma cisão na Portela. Deixou como lembrança uma inusitada comissão de frente em que os famosos 15 integrantes negros de Padre Miguel se apresentaram, pasmem!, vestidos como a apresentadora Xuxa. Pelo menos ali o poeta das formas sem pudores ainda vivia. "Será muito difícil alguém dar continuidade ao trabalho dele, que era muito pessoal, muito criativo. As mortes dele e do Arlindo nos pegaram de surpresa. Ele não fazia *show* da Broadway. Era tropicalista ao máximo", definiu Rosa Magalhães, também para O Globo (30 de novembro de 1987). Na década seguinte, a seu modo, seria ela a nova comandante da bandeira indianista de Fernando Pinto.

O fruto de uma imaginação

JOÃOSINHO TRINTA PODERIA SER o fruto do delírio, poesia e imaginação de um grande escritor. Talvez considerassem forçação de barra aquele personagem inclassificável. Mas ele existiu. Nascido longe do borbulhar do Centro-Sul do país com o sonho de ser bailarino, comeu o pão que o diabo amassou no Rio de Janeiro. Conseguiu, por insistência, pisar o palco do Municipal, viu que não dava muito para a coisa e repaginou suas vontades: passou a ser o piloto da transformação radical sofrida pela maior festa popular. Se Fernando Pinto estava mais alinhado com o que a *intelligentsia* denominava "arte", ele estava mais para a psicologia social: inventou uma grande escola de samba que, antes dele, era miúda e plena de complexos dignos de um bom divã. Ele foi o terapeuta. Mais do que isso: tornou-se um conhecedor, nas internas, da realidade de uma comunidade pobre e, assim como ele, afastada de onde as coisas aconteciam. Curiosa sina a de inserir pessoas, e ele mesmo, no mapa. Em apenas uma entrevista, cunhou a frase de efeito que muitos estudiosos de canudo enrolado nas melhores universidades do planeta não conseguiram retratar em uma coletânea. Se alguns dirão que nem todo pobre gosta de luxo, ou que não são todos os intelectuais apreciadores de miséria, fato é que ganhou tanto espaço quanto a festa. Virou seu maior porta-voz, defensor, profeta, apontador de rumos, protagonista, antagonista e, claro, para-raios. Tudo passou a ser culpa e/ou motivado por João Trinta. E ele sempre se sentiu confortável nessa posição.

Em 1981, às vésperas de novo vice-campeonato, ele dera mais um indício sobre o que pensava daquele mundo de sonhos que ajudou a reinventar: "Uma escola que tem a tradição da Beija-Flor tem que entrar na avenida e dar impacto. Isso só conseguimos com um espetáculo mais amplo, do qual não foram cortados o samba, a dança e evolução, que são peças essenciais", disse ao Jornal do Brasil (28 de fevereiro de 1981). O curioso da declaração é que o carnavalesco já posicionava a Beija-Flor como a escola de certa tradição – no caso, a de inovar –, característica que, curiosamente, ele mesmo inventara, e apenas pouquíssimos anos antes. Mas também não se esquecera da importância do samba e da evolução. Isso explica a confiança no próprio taco e sinaliza o tamanho do impacto que os carnavais da agremiação, a partir de 1976, produziram. Já com seis títulos no currículo, em 1983, Joãosinho resolveu atacar de *A grande constelação das estrelas negras*, enredo que homenageava personalidades negras, como Pelé, Clementina de Jesus e a destaque Pinah, a "Cinderela negra" que, em 1978, encantara o Príncipe Charles com seu requebrado e esplendor. Arrebatou a avenida, mas ao lado de, pelo menos, outras três: Império Serrano, Portela e Mocidade. Nas Cinzas, o já citado Messias Neiva resolveu premiar com nota 10 apenas e tão somente as alegorias da Beija-Flor.

João ganhava de novo, a sétima vez em dez carnavais. Aquele foi o último desfile antes da construção da Passarela do Samba – obelisco do Brizolismo – e também o último título dele na Beija-Flor de Nilópolis, sua musa inspiradora. À época, nem o melhor dos videntes poderia imaginar que a escola entraria numa fila e jejum de década e meia. Mas bem antes de 1998 (a volta dos canecos), e ainda nos anos 1980, a despeito da falta de títulos, João promoveria dois dos mais arrebatadores carnavais da história, um deles considerado a mais revolucionária obra em matéria de desfile de escola de samba.

A era sambódromo do grêmio de Nilópolis, entretanto, começa sem aquele furor dos melhores desfiles, com o confuso *Um gigante em berço esplêndido* (1984). No ano seguinte, fundou *A Lapa de Adão e Eva*. O enredo teve por mote uma teoria amalucada de que o Rio de Janeiro supostamente abrigaria as rochas mais antigas do planeta Terra. Desse argumento que mais parece filme d'Os Trapalhões, o carnavalesco encontrou terreno para cometer mais um dos seus adoráveis delírios: fazer paralelos bíblicos para vários lugares e aspectos culturais cariocas. Aí estava o pulo do gato do enredo: mostrar uma história bíblica tendo o Rio de Janeiro, a grande Babel, por locação. Deu vice.

Apesar da nova derrota, não cabia mudar a fórmula da Beija-Flor. Nem podia. Em 1986, ano de nova Copa do Mundo no México, João decidiu falar do futebol – *O mundo é uma bola* –, mas bem a seu jeito surrealista. Origens inglesas? Que nada... "É milenar a invenção do futebol", dizia o samba, emoldurando a ideia de que o esporte bretão começara nas mais antigas civilizações. Na sexta-feira, véspera de folia, 7 de fevereiro, o Jornal do Brasil estampava a seguinte manchete em sua página oito: "Meteorologia garante bom tempo de hoje até sexta-feira". Na matéria logo abaixo, a visão de um João Trinta extremamente empolgado: o então presidente da FIFA (Federação Internacional de Futebol), o brasileiro João Havelange, prometera que a bola de futebol gigante, de cinco metros, de seu abre-alas participaria da cerimônia de abertura da Copa, no lendário Estádio Azteca. Com o desfile valendo, quando o abre-alas dobrou a esquina-joelho da Presidente Vargas com Marquês de Sapucaí, viu-se a tal bola com a reprodução e as características plásticas de uma famosa marca de materiais esportivos. Lá estavam os primórdios do *merchandising* na pista, coisa que já começara no ano anterior, no Império Serrano, com o enredo *Samba, suor e cerveja, o combustível da ilusão* (de Renato Lage e Lilian Rabello), e só ficaria descarada folias mais tarde.

Foi quando se ouviu um estrondo! Raio, trovão, a ira ou bênção dos deuses, que pareciam bem dispostos para a gandaia ou para negar a reportagem cheia de certezas que dava conta de um carnaval a seco. Em poucos instantes, o céu desabou sobre a escola com o desfile a pleno vapor. A Sapucaí transformou-se em rio – rio mesmo, componentes com água nas canelas! –, mas o povo da Baixada Fluminense seguiu impávido, como se estivesse acima daquela correnteza com puro fulgor. "Estou abençoado pela chuva, pela natureza, pela alegria da vida! Isto foi um batismo, eu agradeço aos deuses, estou vivo, eu agradeço a Deus por isso! O beija-flor é o pássaro mensageiro dos deuses!", berrava Joãosinho, na Apoteose, com o microfone da Rede Manchete em punho. Desfilar, àquela altura, transformara-se em ato heroico. E mais uma vez, a Beija-Flor foi heroína, dez anos após inserir-se de forma definitiva no rol das maiores escolas de samba do Rio de Janeiro.

Ao final da apresentação, Fernando Pamplona abraçou o pupilo e, após sapecar-lhe um beijo, disse: "Isto foi bem mais que um desfile de escola de samba!" Palavras generosas de quem, no dia anterior, havia sido homenageado pelo rubro Salgueiro onde tudo havia começado. Além de João, outra estrela que brilhou foi a do passista mirim Marco Aurélio Ventura, de 11 anos, que veio sobre a tal bola propaganda do abre-alas. Sua composição de autêntico Pelezinho da avenida virou a grande imagem do ano.

Mesmo estraçalhada plasticamente, a Beija-Flor estava de novo no rol das favoritas: saiu aclamada pelo público aos gritos de "Já ganhou!" e com todos os méritos, já que cunhara uma autêntica obra-prima submersa, assinada por milhares de seguidores ensopados do gênio maranhense. Mas no fim, nova frustração: o título ficou com a Mangueira, o segundo naquela década, conquistado na esteira de um vigorosíssimo desfile sobre Dorival Caymmi.

João não duvidou dos méritos da Verde-e-Rosa, mas desancou o júri, em especial um dos jurados: o cineasta carioca Leon Hirszman (*Eles não usam black-tie*, de 1981, dentre outras produções), expoente do Cinema Novo e um assumido ativista de esquerda. Hirzman sapecou uma nota 8 sem qualquer justificativa por escrito na evolução do povo de Nilópolis, e o carnavalesco enxergou coloração ideológica na tinta vermelha daquela severa caneta avaliadora. Passou a repetir por todos os cantos a mesmíssima cantilena: "Ele disse que jamais daria nota máxima para uma escola que fez apologia à ditadura nos anos 1970", reclamando ainda que estava sendo punido por um momento histórico do qual não participara. Na quinta-feira, 13 de fevereiro, a coluna Informe JB, do Jornal do Brasil, alfinetava: "Preconceito – A esquerda continua tendo preconceito contra a Beija-Flor de Nilópolis. O cineasta Leon Hirszman deu uma nota 8 no quesito evolução da escola. Intelectual, como disse Joãosinho Trinta, não gosta de luxo".

A resposta veio no dia seguinte, no mesmíssimo espaço:

> ANDANDO
>
> O cineasta Leon Hirszman, que deu nota 8 no quesito evolução para a Beija-Flor, nega três vezes que tenha qualquer preconceito contra a escola de samba de Nilópolis: 'Acho o trabalho de Joãosinho Trinta genial, mas o que eu julguei foi a evolução, e a escola passou andando na minha frente. Não tenho nada contra o luxo'.

O texto da coluna terminava com uma sutil provocação: "Fica o dito pelo não dito: pelo menos um intelectual gosta de luxo". Em 1987 (*As mágicas luzes da ribalta*) e 1988 (*Sou negro, do Egito à liberdade*), a Beija-Flor seguiu na carona de muita riqueza e ostentação (negadas por seu alto comando), já com a assinatura de Viriato Ferreira nos figurinos, que retornara dois anos antes, após reconciliação com Joãosinho. Mas a África rica da Azul-e-Branco sucumbiu ante a *Kizomba, festa da raça* da Vila Isabel, primeiro (e inesquecível) título da escola de Martinho. Novamente surgiu todo aquele discurso repetido de que os carnavais de João eram muito caros e toda a choradeira dualista costumeira confrontando luxo e lixo. Foi quando ele sacou sua arma mais criativa e ousada: *Ratos e urubus, larguem a minha fantasia*.

"Estava com a Beija-Flor na Inglaterra, onde os postes de iluminação são enfeitados com flores, e recebi a notícia de que o Rio estava falido. Aí nasceu o desfile desse ano", contou ele à Veja (15 de fevereiro de 1989). O enredo falava do lixo nos diversos setores da sociedade. Antes do desfile, uma polêmica: a ideia de João era fazer um grande banquete de desvalidos aos pés de uma gigantesca representação do Cristo Redentor. A Arquidiocese do Rio chiou. No sábado de carnaval, um oficial de justiça levou ao barracão uma liminar, assinada pelo juiz Carlos Davidson de Meneses Ferrari, da 15ª Vara Cível do Rio, que por ação da Cúria Metropolitana, proibia a apresentação da imagem. Foi quando surgiu a ideia de cobri-la e colocar uma inscrição que ficaria eternizada: "Mesmo proibido, olhai por nós!". Anos mais tarde, Joãosinho Trinta e Laíla, que já tinha voltado à escola, travariam brigas públicas *calientes* sobre qual dos dois seria o verdadeiro autor da frase emblemática. Na curva, antes do desfile, João já estava curtindo a polêmica. "Ele está proibido! Não deixaram que vissem o Cristo Mendigo!", emocionou-se para o microfone da Rede Manchete, deixando claro, porém, que planejara direitinho conseguir ainda mais sucesso com a mensagem arranjada em cima da hora: "Mas ele agora virá com uma frase que é mais forte do que a própria imagem". Bingo! O Cristo abre-alas entrou coberto.

Na farra dos farrapos, quem era povo virou rei no florir faceiro dos muitos "frutos de uma imaginação". Até os portões da avenida terminaram escancarados para que a rua pudesse se debruçar sobre o enredo de si própria: "Atenção! Mendigos, desocupados, pivetes, meretrizes e loucos, profetas, esfomeados e o povo da rua: tirem dos lixos deste imenso país restos de luxos. Façam suas fantasias. E venham participar deste grandioso *Bal Masqué*", dizia o segundo carro, *Convite*, em clara referência à obra *Os miseráveis*, de Victor Hugo. A sinopse do enredo dizia o seguinte: "Este enredo é um protesto. Protesto a esta grande maldade que estão fazendo com nossa terra, com nossa gente, com nosso BRASIL. Maldade desequilibrarem totalmente este país que tem, na sua geografia, a forma de um grande coração. Invertido, desequilibrado, de cabeça para baixo, mostrará os contornos de uma enorme bunda. E uma bunda do tamanho do Brasil tem muita sujeira nos seus intestinos para ser expelida. Somente as águas das Bacias do Amazonas e do Prata poderão lavar tantos excrementos. Ou, então, a grande energia do nosso povo quando ele tiver consciência de sua força e de seu valor".

Assim, os "ratos e urubus" eram personificados, além dos críticos do trabalho do carnavalesco, em todos aqueles que atrapalhavam o crescimento do país e a valorização de seu povo e riquezas naturais. Era o lixo do luxo e o luxo do lixo em todas as camadas e instituições. Saiu da avenida aclamada por público, crítica especializada, imprensa e quem mais presenciou aquela ópera popular idealizada de maneira inédita. João chegara ao limite de sua inventiva e parecia que não teria para ninguém. "É rigorosamente uma obra-prima em matéria de desfile de escola de samba", disse Sérgio Cabral, então comentarista da Rede Manchete.

Na apuração, terminou empatada com a Imperatriz Leopoldinense apenas com notas máximas. Para fins de desempate, contudo, voltavam os menores graus, que haviam sido descartados. Foi aí que tombou: a Beija tomara três notas 9 – samba-enredo (João Máximo), evolução (Cláudio Cunha) e conjunto (Pedro Ângelo Suzana). No fim das contas, o título ficou em Ramos (*Liberdade, liberdade, abre as asas sobre nós*), apresentação classuda toda vida capitaneada por um Max Lopes que faturava ali seu segundo título e ganhava espaço como um dos grandes nomes da festa. O enredo tratava da Proclamação da República de forma bem didática, primor de estética à imagem e semelhança dos melhores trabalhos de Arlindo Rodrigues. Mas teve o ato final inesquecível: nas Campeãs, os "mendigos" que cercavam o abre-alas da Beija-Flor – na verdade, integrantes fantasiados –, foram quintuplicados e mais de 500 pessoas formaram uma escola de samba de farrapos à frente da agremiação. Eis que de repente alguns deles avançaram sobre o Cristo Mendigo e, simplesmente, retiraram o saco preto cobertor. O povão veio abaixo. Comentarista da Manchete, Fernando Pamplona, o "pai" de João, não se conteve e, aos berros, proclamou: "Este é um momento glorioso, gente! O povo aplaude e tem coragem! Estão tirando o negro de cima do Cristo! Acompanhem, pelo amor de Deus! Entra agora, justiça fajuta, entra agora no meio do povo, se tiver coragem e impeça o que o povo está fazendo!" Foi o *grand finale* do, possivelmente, mais impactante desfile de toda a história do carnaval.

Vira, virou, Noventa chegou

O rei está nu

DEPOIS DE CHEGAR AO ápice do sucesso, natural que João Trinta começasse a sentir os efeitos reversos da busca por superar sua obra-prima. Jamais conseguiu. Vieram *Todo mundo nasceu nu* (crítica aos caminhos e descaminhos da história humana e à negação da nudez no carnaval, 1990), *Alice no Brasil das Maravilhas* (metáfora do Brasil a partir do clássico "Alice no País das Maravilhas", 1991) e *Um ponto de luz na imensidão*, seu mais quadrado enredo – a história da televisão – e que significou o último capítulo dele na Beija-Flor, em 1992. Nesse desfile, houve o que o então incipiente dicionário do politicamente correto classificou por "genitália desnuda", termo popularizado desde a nudez frontal da modelo Enoli Lara na *Festa profana* da União da Ilha (1989) e que gerou a proibição de órgãos sexuais escancarados na avenida. Apesar disso, em 1992, o modelo Torez Bandeira, convencido por João a desfilar de tapa-sexo, cruzou a avenida nu em pelo. A desculpa oficial foi de que o *band-aid* de proteção descolou. Deu perda de ponto e sétimo lugar. Anísio não gostou e, na Apoteose mesmo, encerrou o mais ardente casamento entre artista e escola de samba já visto: "João, passe no barracão e pegue suas coisas". No lugar de Trinta – e até para, possivelmente, zerar tudo nas bandas de Nilópolis –, entrou a sua antítese, Maria Augusta Rodrigues, sempre lembrada pela leveza que entregara à União da Ilha.

Breve volta no tempo: nos anos 1980, Augusta esteve à frente da Paraíso do Tuiuti por dois anos: 1982 (*Alegria*) e 1983 (*Vamos falar de amor*). Em 1985, comandou um time de artistas (dentre eles, Rosa Magalhães, Lícia Lacerda e Edmundo Braga, que deu corpo estilístico à escola de samba Tradição). Na Beija-Flor, fez *Uni-duni-tê, a Beija-Flor escolheu: é você*, enredo infantil que recuperou os bons resultados – terceiro lugar –, mas colocou Nilópolis numa autêntica crise de identidade. Aquela cara, a leveza, não era a sua, e a escola sentiu demais a mudança da água pro vinho. Inegavelmente, o renovador João fazia falta, afinal, àquela altura, cada bandeira já tinha vida própria. A Beija-flor perdera um pouco a dela.

High Renato

UM POUCO MAIS ADIANTE na Avenida Brasil, ali por Padre Miguel, com o fracasso em 1989 (*Elis, um trem chamado emoção*), ficou evidente que a Mocidade Independente não havia se recuperado da morte de Fernando Pinto. Naquele ano, inventaram até concurso para escolha de novo carnavalesco. Ely Peron e Rogério Figueiredo ganharam e conceberam um enredo de confuso desenvolvimento sobre a cantora pimentinha. O desfile mereceu a seguinte análise da pesquisadora Lygia Santos, durante o debate do júri do Prêmio Estandarte de Ouro (O Globo, 08 de fevereiro de 1989): "É necessário estabelecer dois momentos: antes e depois de Fernando Pinto. Ela [a Mocidade] se ressente da ausência do seu renovador, está órfã, querendo descobrir um rumo. Mas não conseguiu e isso se refletiu no carnaval deste ano [...]". Para 1990, portanto, a escola buscava reinventar-se conceitual e esteticamente. O casal de carnavalescos Renato Lage e Lilian Rabello, que havia deixado saudades no Império Serrano – *Mãe baiana, mãe* (1983), *Foi malandro, é* (1984), *Samba, suor e cerveja, o combustível da ilusão* (1985), *Eu quero* (1986) – e que, em 1989, trabalhara na Caprichosos de Pilares, foi chamado para um papo com o então patrono, Castor de Andrade. Renato já brilhava desde o começo dos anos 1980. Em 1981, na Unidos da Tijuca, desenvolveu o inesquecível *Macobeba, o que dá pra rir, dá pra chorar*, baseado no livro *Manuscrito holandês*, de Manoel Cavalcanti Proença. Proposta pra lá de polêmica que conseguiu driblar a repressão da época, apresentava a luta de um cidadão simples (Mitavaí) contra a exploração das empresas multinacionais (o monstro Macobeba). Uma das alegorias mais incríveis já apresentadas no carnaval foi, justamente, o carro que representava Macobeba, feito todinho de copinhos de plástico e com tentáculos que agarravam vários produtos, entre os quais, dois televisores ligados.

Até metade dos anos 1980, a maioria dos enredos desenvolvidos por Renato (e Lilian) era de autoria de Fernando Pamplona. Foi a partir de *Samba, suor e cerveja, o combustível da ilusão* que a dupla alcançou a independência completa e partiu para trabalhos autorais. Já na Mocidade, a carnavalesca afirmou que o desejo inicial de Castor era fazer um enredo exaltando Arlindo Rodrigues. Por outro lado, Renato tinha a ideia de falar da virada de década, algo que trazia como título provisório *Vira, virou, Noventa chegou*. A dupla apresentou, então, nova proposta: um tema que contasse a história da Verde-e-Branco, marcando uma espécie de virada estilística para uma nova fase. "Se quero apagar o mito Fernando Pinto, nada como reverenciar os ídolos da casa. Saudar os seus deuses, bater cabeça, deixá-los em paz e ter depois o nosso espaço", afirmou a carnavalesca ao descrever o espírito com que ela e Lage desembarcaram em Padre Miguel. Ali, então, foi plantada a semente que originaria, meses depois, um enredo de exaltação à história da Estrela, *Vira, virou, a Mocidade chegou*.

Foi a quarta escola a pisar na Sapucaí na segunda-feira de carnaval. Já na abertura, a imponência de um gigantesco abre-alas representando sua bandeira em luz néon – marca de Renato – deixou pulsante a sensação de que não estava mesmo para brincadeira.

Mas foi Lilian quem ostentou na carne a aura de mudança impregnada na turma da Vila Vintém: grávida da filha Rhaylane Lage, exibiu o barrigão pela avenida. A Mocidade ganhou o título com 10 de ponta a ponta. No ano seguinte, vestida de favoritismo, faturou o bicampeonato com *Chuê, chuá, as águas vão rolar*, enredo, como o título dedura, sobre o líquido essencial à vida. Foi apresentada por uma comissão de frente que marcaria época: os escafandristas, que encenavam um balé aquático com um figurino luxuosíssimo, davam passagem a um belíssimo abre-alas, em que se via retratada uma estrela do mar gigantesca. Mas o maior sucesso daquela apresentação acabou sendo a segunda alegoria, *Terra, planeta água*, que trazia um enorme feto imerso em um globo terrestre. O carro foi inspirado na gravidez de Lilian Rabello. No ano seguinte, a partir do sonho de um tricampeonato, os carnavalescos conceberam *Sonhar não custa nada, ou quase nada*, um mergulho no universo da mente.

Antes do carnaval, os artistas desfizeram o casamento, mas seguiram com a parceria profissional até os fogos espocarem anunciando o novo carnaval da Mocidade. A escola errou feio ao já se considerar tricampeã sem nem pisar na avenida. Poucas vezes se notou tanto luxo e criatividade em um conjunto alegórico (o desfile custou quatro milhões de dólares): os carros eram tão grandes que chegaram a derrubar alguns fios da rede elétrica localizada no entorno do Sambódromo. Parte do desfile da União da Ilha, agremiação seguinte, aconteceu às escuras. O vice-campeonato de 1992 (o caneco ficou com a Estácio de Sá e seu fabuloso *Pauliceia desvairada*, de Mário Monteiro e Chico Spinoza) marcou a última apresentação da considerada fase de ouro da Mocidade, impulsionada pelas cifras de Castor. Mas apesar de o dinheiro ter rareado a partir de 1993 – sobretudo após a prisão do patrono –, a Mocidade continuou a reinar, ao lado da Imperatriz Leopoldinense, nos anos 1990. Já sem Lilian, Renato seguiu na Vintém até 2002 e sacramentou, mas com o seu toque pessoal, as características delineadas por Arlindo e Fernando para a Estrela-Guia de Padre Miguel: brasilidade, acabamento impecável, luxo, originalidade e vanguarda. Tornou-se um dos maiores também.

La vie en rose

DEPOIS DAS AULAS E pitos práticos do "papai" Pamplona na construção do *Pega no ganzê* (Salgueiro, 1971), o título pelo Império Serrano em 1982 (ao lado de Lícia Lacerda) foi a segunda maior lição recebida por Rosa Magalhães no começo da estrada. Criou corpo e pintou a franja para seguir adiante. Juntas, as duas fizeram ainda *Alô, mamãe* (1984), primeiro namorico de Rosa com a Imperatriz Leopoldinense – e que viraria casamentão com véu e grinalda no futuro –, e *O tititi do sapoti* (Estácio de Sá, 1987). Ainda na Vermelho-e-Branco do São Carlos, Zona Norte do Rio, mas já sozinha, assinou *O boi dá bode* (1988) e *Um, dois, feijão com arroz* (1989). Com a virada pros Noventa, reencontrou o Salgueiro – que seguia na fila de espera desde 1976. Ali, concebeu *Sou amigo do rei* (1990), ideia original de Pamplona, sempre atento aos passos dos rebentos, e *Me masso se não passo pela rua do Ouvidor* (1991), ode à famosa rua carioca.

Belíssimos desfiles, mas nada de títulos. Saiu brigada da Academia para reencontrar a Imperatriz Leopoldinense. Em 1991, a escola de Ramos apresentara um belíssimo e curioso carnaval chamado *O que é que a banana tem?* – sim, homenagem ao fruto famoso –, de autoria de Viriato Ferreira, que, mais uma vez, estabelecera um plano de voo solo para a sua carreira. Deu terceiro lugar. Já muito doente, Viriato convidou Rosa para assumir o seu posto na folia seguinte. Mal sabia ele que estava sendo cupido de um enlace que duraria 18 carnavais.

Em 1992, festa de 500 anos de descobrimento da América espocando em todos os cantos, lá foi Rosa, a bordo da nau *Visão do paraíso*, livro de Sérgio Buarque de Holanda, falar das visões sobre aquele paraíso-continente muito curioso, a partir do olhar dos europeus "descobridores". O título do enredo, *Não existe pecado debaixo do Equador*, era uma clara homenagem a *Não existe pecado abaixo do Equador*, música de Chico Buarque, filho de Sérgio, e Edu Lobo, para o musical *Calabar*. Na ânsia por algo inovador, a carnavalesca enxergou justamente na comissão de frente um ponto interessante de mudança: chamou o coreógrafo Fábio de Mello, com formação no exterior, para incrementar o segmento. Deu certo! No ano seguinte, Rosa bolou *Marquês que é marquês, do sassarico é freguês*, enredo, como o próprio título dedura, que falava do Marquês de Sapucaí, sinônimo de folia por dar nome à rua onde acontecem os desfiles. Mas a coisa não foi fácil, já que o tal marquês – olha a ironia do destino aí, gente! – não havia sido um homem de muita festa, professor sisudo do Colégio Pedro II. O tema, então, virou uma grande homenagem ao carnaval, com partida no entrudo e desague lá no *Ziriguidum 2001*, de Fernando Pinto. Sim, Rosa quis bater cabeça para os mestres, como Pamplona, Arlindo, João Trinta e o já citado Pinto. Todos estavam lá.

A saúde de Viriato dera uma melhorada e a carnavalesca tratou de reconduzi-lo ao desenho das fantasias. No meio do processo, porém, houve uma reviravolta fulminante e o figurinista – campeão pela Portela, em 1980 – acabou falecendo. Rosa estava em Curitiba, trabalhando para o teatro Guaíra e voltou às pressas para enterrar o amigo. Seguiu sozinha. Já na avenida, a Imperatriz brilhou com uma comissão de frente (de novo de Fábio de Mello) mascarada, cuja coreografia em formato de seta aproveitava a verticalidade do palco aberto. Capas feitas em veludo – abertas de forma consecutiva – produziam um efeito inédito. "Está dando um baile esta comissão", berrava o narrador Fernando Vanucci, da Rede Globo. Foi vice-campeã. Perdeu para o arrebatador *Peguei um ita no norte*, de autoria de Mario Borriello, título incontestável do Salgueiro. Mas a sensação de que Rosa apresentara o melhor trabalho plástico do ano ficou evidente, e não só isso: a homenagem aos mestres foi generosa e uma espécie de batismo. A partir dali, também ela seria uma das grandes. Atrás da última alegoria, valorosa inscrição revelou a reverência final: "No sassarico do marquês, tem mais um freguês, Viriato Ferreira". Os deuses podiam descansar em paz: lá estava uma substituta à altura.

Em 1994, Imperàtriz e Rosa fizeram *Catarina de Médici, na corte dos Tupinambôs e Tabajères*, que tratava da visita de índios à corte francesa no século XVI. O tema era idêntico ao do Império Serrano, *Uma festa brasileira*, e as duas desfilaram no mesmíssimo dia, o domingo de carnaval. Claro que deu polêmica, já que, segundo Rosa, ela suara bastante para conseguir bibliografia que respaldasse sua história. Foi numa corrida de táxi dividida com um sujeito que conhecera minutos antes – "Íamos pro mesmo lugar e, no caminho, ele me contou que era diretor do Arquivo Nacional, acredita?" – que conseguiu as informações para respaldar aquele verdadeiro carnaval indianista em Rouen cerca de meio século após o nosso descobrimento. Na comissão de frente, nova obra genial de Fábio de Mello, estavam os dançarinos da corte francesa, cujos adereços (leques) repetiam a forma sequenciada de evolução imposta pela coreografia do ano anterior. O primeiro componente abria o seu leque, logo depois, o segundo, e lá estava a nova proposta em lança que conferia verticalidade, agilidade e suntuosidade aos movimentos. Foi a grande campeã, mas sem a explosão popular do título salgueirense de 1993. A proposta primava pelo esmero estético: "Fizemos um desfile técnico, para ganhar carnaval!", sapecou o então presidente, Marquinhos Drumond, filho do patrono Luizinho, que estava preso, em meio à conturbada apuração. Mais do que uma frase, a fala evidenciava uma nova marca de profissionalismo. Virou identidade. E estigma: era a escola "certinha de Ramos", aquela que sabia agradar aos jurados, mas nem tanto ao público, discurso repetido pela imprensa por carnavais a perder de vista (e até hoje). Certa ou errada, fato é que a receita colocou Rosa também no protagonismo da festa. A virada dos Noventa estava consumada.

O cravo e a rosa

DEPOIS DAQUELA PRIMEIRA VITÓRIA de Rosa na Imperatriz, iniciou-se um duelo estético direto (e velado) entre ela e Renato Lage, que desfilou por toda a década de 1990 e começo dos anos 2000. Ora, quiseram os deuses do samba que os dois destaques apresentassem marcas pra lá de radicais e fossem antagônicos até mesmo no sexo. Rosa Magalhães e Renato Lage, os polos opostos banhados de Salgueiro e Pamplona, o espelho de Afrodite e as armas de Ares, Copacabana e Barra da Tijuca. Em 1995, deu Rosa na cabeça e de novo, dessa vez com um enredo brasileiríssimo e de título curioso: *Mais vale um jegue que me carregue, do que um camelo que me derrube, lá no Ceará*.

Tudo começou numa viagem ao Marrocos, quando a carnavalesca, em pleno deserto do Saara, cismou de montar um camelo. Foi ali, durante a incômoda travessia, o terreno do *insight* para fantasiar a expedição que trouxe os bichos para o Nordeste brasileiro. A iniciativa histórica, que teve o poeta Gonçalves Dias como um dos integrantes, foi um fiasco na ocasião – século XIX –, mas deu enredão. E para o arremate final, uma grande homenagem ao jegue dizia que era ele, "escondido na história", quem ajudava o sertanejo a tocar seu dia, apesar da monarquia do camelo. Um carnaval vitorioso, mesmo com a quebra de um carro: "Os diretores fizeram 'tchun' e, por mágica, a alegoria sumiu", disse Rosa, em documentário produzido pela Liesa, em 2002.

Importante lembrar que a expressão "lá no Ceará" não constava no título. Foram alguns caraminguás do então governador cearense, Tasso Jereissati, que forçaram este, digamos, puxadinho temático. O flerte com enredos geográficos patrocinados – a chamada "temática CEP" – viraria um comportamento quase natural para todas as escolas a partir de então.

Já Renato Lage fez na Mocidade *Padre Miguel, olhai por nós!*, enredo que tratava da religiosidade do povo brasileiro desde o descobrimento. Foram os dois desfiles mais bonitos ao lado da Portela (a vice-campeã), cujo carnaval trazia por título *Gosto que me enrosco*, espécie de homenagem romântica aos antigos carnavais, de autoria de José Félix. No terceiro lugar, ficou a Beija-Flor, que, desde 1976, apenas por três vezes largou o osso das primeiras colocações (1982, 1992 e 2014). Seu enredo era *Bidu Sayão e o canto de cristal*, homenagem à cantora lírica Bidu Sayão comandada pelo irreverente carnavalesco Milton Cunha, que substituiu Augusta em 1994.

Amigo da mulher de Anísio, Fabíola David, o artista chegou à escola com a complicada missão de reconduzi-la ao padrão Joãosinho dos áureos tempos. Trouxe de volta o gigantismo, enredos complicados, mas sem vitórias. Do outro lado da Baía de Guanabara, em Niterói, o mestre João Trinta assumira em 1994 a Unidos do Viradouro. Em 1993, ele ficara de fora da festa e assinara os figurinos para o carnaval do Cassino de Estoril, em Portugal.

Logo na estreia, João conseguiu um terceiro lugar com *Tereza de Benguela, uma rainha negra no Pantanal*, espécie de Salgueiro dos anos 1960, só que 30 primaveras deslocado no tempo. Para 1995, atacou de *O rei e os três espantos de Debret*. Se em 1959 o artista francês fora talismã para o vice do Salgueiro, a história não se repetiu quase 40 anos depois: nono lugar. Naquele ano, uma imagem de cumplicidade entre gênios impressionou os presentes à concentração: arrasado por não conseguir terminar suas alegorias a tempo, João sentou-se no meio-fio da Avenida Presidente Vargas – o fétido canal do mangue por cenário de fundo – e começou a chorar. Rosa Magalhães, que desfilara momentos antes com a Imperatriz, viu o desabar do gênio e não se conteve: correu para abraçá-lo. Quem estava por perto, diz que foi das cenas mais lindas já vistas naquelas coxias de asfalto onde tudo parece que vai dar errado. Pamplona, da cabine da Rede Manchete, deve ter sentido um arrepio.

Logo começaram os preparativos para 1996 e a Imperatriz se encheu de esperanças para o tricampeonato. Poderia ser o primeiro da era sambódromo. Rosa escolheu por tema a Imperatriz Leopoldina, austríaca esposa de Dom Pedro II, e que dá nome à agremiação. Ousou no título, de proporções bíblicas: *A Imperatriz Leopoldinense honrosamente apresenta: Leopoldina, a imperatriz do Brasil.*

Do outro lado do ringue, havia a Mocidade, doidinha para estragar aquele bolo já encomendado (à moda do que a Estácio fizera com ela, em 1992). Deu certo! Com *Criador e criatura*, Renato Lage conseguiu arrebatar seu terceiro título, dessa vez solo, protagonizando um desfile marcante, apesar de um problema na hora H: preparada visualmente para uma apresentação noturna, a escola desfilou à luz do dia, o que diminuiu o impacto dos efeitos especiais de algumas alegorias. Renato Lage urrava na concentração: "Isto é amadorismo da organização do desfile!" Nada, porém, atrapalhou o caminho da vitória. Dos Frankensteins da comissão de frente aos Robocops da bateria, o carnavalesco foi brilhante ao traduzir um enredo, na teoria, complicado: contar a história do homem, a dita criatura, a partir de seu ímpeto de criador e transformador. Já Rosa fez nevar na avenida, cresceu suas alegorias, vestiu-se para matar com sua Imperatriz, mas ficou com o vice.

Estava sacramentado que os duelos entre o cravo e a rosa haviam modificado para sempre o que se fazia e sabia de carnaval. Jamais o barroco e o *high tech* – para sermos bem rasteiros nas definições – promoveram duelos tão abespinhados e inspirados na pista dos desfiles. "Outro dia, por acaso, vi um desses seriados japoneses na televisão. Parecia coisa do Renato Lage", alfinetou Rosa, em uma reportagem para o jornal O Globo (04 de fevereiro de 1996) durante os preparativos para o carnaval de 1996. Lage devolveu de prima: "Faltam humor e irreverência ao estilo da Rosa. O carnaval tem de ter dessas coisas para ser mais interessante" (idem), sentenciou. Na apuração, a cada nota 10 que recebia, o carnavalesco comemorava o título erguendo os bonecos de super-herói de um dos filhos, implicância assumida com as declarações da oponente. Foi o último caneco dele na Padre Miguel.

Até os primeiros anos dos 2000 recém-virados, os dois seguiram polarizando as preferências. Ele, bem mais para o povo. Ela, bem mais para o júri. Renato continuou na Mocidade até 2002 e, mesmo sem vencer após 1996, seguiu fazendo miséria no coração dos apaixonados por carnaval: quem não se lembra da alegoria em que uma gigantesca escultura de um menino parecia jogar videogame em *Marraio feridô sou rei* (1993)? E que folião não pulsou no compasso do carro do coração em *De corpo e alma na avenida* (1997)? Houve, ainda, o enorme Pierrô de *Villa-Lobos e a apoteose brasileira* (1999), enfeitado com pompom e gola formados por copinhos plásticos, os índios cósmicos do futurista abre-alas de *Verde, amarelo, branco e azul-anil colorem o Brasil nos anos 2000* e tantas outras representações que saracoteiam na memória afetiva até hoje.

Seguindo à risca a máxima de que a excelência está nos detalhes, Rosa continuou fazendo carnavais com muito requinte e olho bem focado no acabamento. Resultado: três títulos em sequência a partir de 1999, sempre explicados pela imprensa como fruto da tal postura técnica de apresentação. O povo não morria de amores pelo comportamento de desfile, considerado *blasé*, mas a agremiação não deixava de agradar ao júri, sempre com interessantes histórias. Jamais foi *pop* como a Mocidade, nunca agradou aos intelectuais que João cutucou (e que o veneravam), mas resistiu – impávido colosso – à gritaria com bastante competência. E venceu até dizer chega: *Brasil mostra a sua cara em... Theatrum Rerum Naturalium Brasiliae* (1999); *Quem descobriu o Brasil foi Seu Cabral, no dia 22 de abril, dois meses depois do carnaval* (2000) e *Cana-caiana, cana roxa, cana fita, cana preta, amarela, Pernambuco... Quero vê descê o suco, na pancada do ganzá* (2001) foram os gigantescos títulos dos enredos que fizeram de Rosa e Imperatriz as primeiras tricampeãs do sambódromo. No ano seguinte, além da dúvida se a carnavalesca teria fôlego para um quarto caneco seguido, outro assunto tomou as rodas: o patrocínio. E foi justamente ela a artífice de um lençol sem precedentes em um prefeito esbanjador que queria pagar por uma homenagem quadrada para a cidade que comandava.

Breve volta no tempo, dessa vez mais completa: como já dito, tudo começou em 1985, no Império Serrano. Lilian Rabello e Renato Lage desenvolveram na escola da Serrinha um carnaval chamado *Samba, suor e cerveja, o combustível da ilusão*, considerado o primeiro enredo patrocinado da história. Com o Império passando o pires por alguns trocados, Lilian conseguiu a aproximação com uma famosa marca de cerveja, que conferiu verba extra para financiar o desfile, mas sem qualquer interferência temática.

À época, os patronos ficaram com medo de um novo capital que desconheciam. Foi então que o bicho, literalmente, pegou para o lado de quem ostentava alguma marca, perda de pontos a torto e a direito. Fecharam a porteira por muitos anos. Com o tempo e a reconfiguração das relações sociais e momescas, a brincadeira mudou de coloração. Em 2002, Salgueiro e Beija-Flor, cada qual com uma companhia aérea a tiracolo, assumiram apresentações patrocinadas para enredos sobre a aviação. Já Rosa Magalhães driblou à la Garrincha uma encomenda patrocinada que, na teoria, apontava para uma homenagem chapa-branca à cidade de Campos dos Goytacazes, no Norte Fluminense. No desfile, não se viu, por exemplo, a alegoria da última ponte erguida pelo alcaide de então. Longe disso. A artista tratou de falar de antropofagia, partindo de índios cuja dieta era focada em carne humana (os tais Goitacazes), e desembocou no Movimento Modernista da Semana de 1922. Bingo! E ponto para a arte. A Imperatriz ficou em terceiro – foi campeã a Mangueira de Max Lopes (terceiro título dele) com *Brazil com Z é pra cabra da peste, Brasil com S é nação do Nordeste* –, mas lá estava Rosa de novo nas principais páginas. E também Renato. Se ela driblou o patrocínio com criatividade, ele foi turrão mesmo: "Não faço enredo patrocinado que limite meu trabalho!" Ironia do destino, o carnavalesco mudaria de opinião anos mais tarde, mas levou o Estandarte de Ouro de "Personalidade" na ocasião, exatamente por bater o pé pelo enredo autoral *O grande circo místico*, seu último ato na Mocidade.

Big Bang e o renascimento do mendigo

ATÉ 1996, JOÃO AINDA não tinha se recuperado de dois baques: a saída da Beija-Flor de Nilópolis, escola que ajudara a colocar no mapa, e também da perda do projeto "Flor do Amanhã", voltado para crianças carentes, quando foi acusado de maus tratos aos menores que atendia. Foi retirado da linha de frente administrativa com vários estigmas nas costas – sentença do juiz Liborni Siqueira – e, mais uma vez, se viu no centro de polêmicas junto à imprensa. No carnaval daquele ano, mais um revés: a 13ª colocação da Viradouro. O enredo era *Aquarela do Brasil anos 2000*, inspiração clara na música de Ary Barroso, e que trazia uma visão, digamos, ufanista do Brasil. Soou *déjà vu* até dizer chega, com 30 anos de atraso. João parecia decadente e nos procedimentos de decolagem para o término da carreira. O diagnóstico de que as cortinas poderiam estar se fechando para sempre veio logo depois do carnaval: uma isquemia cerebral paralisou o lado direito do carnavalesco, que ficou internado por muitos meses. Os mensageiros do apocalipse alvoroçaram-se: "Uma última página na folia com um quase rebaixamento na escola de Niterói?" Aquele epílogo não tinha a cara de João. Sairia o mendigo de cena sem o banho final em seu chafariz da redenção?

Qual não foi a surpresa quando, amparado por Wany Araújo, seu auxiliar, o carnavalesco reapareceu para o mundo – com um natural problema de movimentação no lado afetado (braço direito paralisado e fala um pouco enrolada) – anunciando *Trevas! Luz! A explosão do universo*, enredo da Viradouro para 1997.

Misturou ciência, misticismo e ousadia para explicar a criação do universo, metáfora para o seu próprio momento. O gênio estava mais calmo, sereno, tranquilo, não mais lembrava o louco desvairado que urrava nos microfones contra a Igreja, os idiotas da objetividade, e na direção de quem mais ousasse cruzar seu caminho na pista. Parecia em paz: "Eu renasci. Você devia experimentar uma isquemia também", frase dita por ele a Max Lopes (O Globo, 13 de fevereiro de 1997). Enquanto todos se preparavam para mais um duelo entre Lage e Rosa, João criou uma verdadeira aula de carnaval com materiais alternativos e tudo o que sua mente prodigiosa (e nunca afetada) poderia jorrar. A festa começava com um carro alegórico completamente negro – *O nada* –, que deslumbrou público e crítica, compondo uma das aberturas mais ousadas da história da folia. Trazia a reprodução das gárgulas da Catedral de Notre-Dame e, claro, lembrava a imponência da entrada de *Ratos e urubus*. Mas não era cópia nem releitura, e, sim, a genuína criatividade daquele homem que, com a doença, desceu ao nada para voltar e reinterpretar o sentido da própria vida. E do nada se fizeram a luz, os elementos, o planeta em formação. No fim, o homem, equilíbrio do bem e do mal, senhor da chave para a manutenção desse palco azul e redondo que começou em explosão.

Ah, e por falar em explosão, a escola explodiu mesmo na avenida, impulsionada pela paradinha funk de mestre Jorjão em sua bateria. O samba caiu na boca da galera que cantou seu fácil refrão –"Vou cair na gandaia, com a minha bateria"– de forma poucas vezes vista. Na coroação, João deu uma pernada em Rosa e Renato e, pela oitava e última vez, faturou o título de campeão do carnaval. Sim, o poeta estava vivo, foi ao inferno e voltou. Conheceu os jardins do Éden e tratou de nos contar. Em fantasias. Só mesmo esta maravilha em homenagem a Cazuza, e que aqui emprestamos a João, para sintetizar a história de um bravo encenada no palco apinhado de povo por todos os poros. Dez, nota 10. João voltava ao protagonismo, ao calor das ousadias, recuperara o elo perdido na genitália desnuda que o expulsou de Nilópolis.

Durante o Domingão do Faustão seguinte ao Sábado das Campeãs, um depoimento definitivo selou sua virada e vitória: "Sobre este projeto [Flor do Amanhã], 'Cairão forças malignas incomensuráveis, e você terá que ter força para segurar tanta malignidade', me disse, certa vez, o Dalai Lama. Pouco tempo depois, quando eu estava fora do país, me acusaram de coisas absurdas. A Igreja nunca aceitou o Cristo Mendigo, que foi uma denúncia aos maus tratos contra a Cidade Maravilhosa que fiz em 1989. Com este título, dou a volta por cima e afirmo que o futuro reserva grandes esperanças e novidades quando a gente acredita na vida, quando a gente não se deixa se abater com as mazelas". João estava certo. Renascera.

No ano seguinte, vestiu-se – à moda dos anos 1970 e 1980 – novamente de favoritismo e lá estava ele com a sua Viradouro outra vez. Três meses antes do desfile, novo susto: com problemas cardiovasculares, foi obrigado a implantar duas pontes de safena. Nada que abalasse aquele coração de leão. Ainda em 1997, o cineasta Cacá Diegues buscava o desfile de uma escola de samba para ambientar parte do seu novo filme, *Orfeu*, inspiração na mitologia grega, mas ambientado em um morro carioca. Pediu a João que as filmagens ocorressem em uma apresentação sua. O carnavalesco não só concedeu passe livre para a equipe, como teve ali mesmo o estalo de Vieira para o tema de 1998, *Orfeu, o negro do carnaval*, também localizando o amor mitológico de Orfeu e Eurídice no carnaval do Rio. Na avenida, a Viradouro foi aclamada aos gritos de "bicampeã" por toda a Marquês de Sapucaí com um "desfile magistral", para usarmos um verso de seu popular samba. O único senão foi a queda do chapéu da porta-bandeira Patrícia, que desfilou grávida, em frente a uma cabine de jurados. A vitória quase certa, porém, se transformou num enorme balde de água fria: quinto lugar. Mangueira e Beija-Flor, que ainda não haviam ganhado nos anos 1990, faturaram juntas o caneco.

João não se conformou e usou uma metáfora com o enredo da Beija-Flor (*O mundo místico dos Caruanas nas águas do Patu-Anu*, sugerido à escola pela pajé paraense Zeneida Lima) para justificar a derrota: "Houve uma pajelança nos bastidores!" Ironia do destino, aquela foi a primeira vitória da Azul-e-Branco sem ele, a volta de Anísio para a avenida após os anos de prisão junto aos outros bicheiros do carnaval e, para completar, justamente naquele momento a agremiação inventou tendência que marcaria suas apresentações seguintes: uma comissão de carnavalescos. Ora, o mestre perdeu para a "sua" Beija-Flor, mas que só conseguiu derrotá-lo juntando vários cérebros, cuja liderança ficava a cargo de... Laíla! O ex-parceiro de João no começo de carreira. Nada mais curioso, e até consagrador, para ambos os lados. Parecia a briga de Davi, mas não com Golias, e, sim, com Cérbero, o cão de muitas cabeças da mitologia grega.

Já a Mangueira ganhou com *Chico Buarque da Mangueira*, homenagem da Verde-e-Rosa ao genial cantor e compositor (e escritor) de tantas canções que embalaram o país nos melhores e piores momentos de sua história recente. Na assinatura do desfile, Alexandre Louzada, artista cuja carreira se iniciara na Portela, em 1985, mas sem nenhum trabalho de amplo destaque até aquele título dividido. Debutou no alto do pódio e, mais ainda, ganhou seu ingresso para o seleto rol dos grandes carnavalescos.

João seguiria na Viradouro em 1999 (*Anita Garibaldi, heroína das sete magias*) e 2000 (*Brasil: visões de paraísos e infernos*). Este último – a visão que os europeus tinham do paraíso recém-descoberto (à la Imperatriz de 1992) – foi a pegada lúdica que o carnavalesco encontrou para fugir da obrigação imposta pela Liesa (a todas as escolas) de falar dos 500 anos do Brasil. Sem novos títulos, transferiu-se para a Acadêmicos do Grande Rio em 2001, escola ainda emergente e que, até então, jamais havia atingido o Sábado das Campeãs. Decidiu homenagear Gentileza, artista andarilho que, após o terrível incêndio em um circo em Niterói, largou a vida de empresário e se autodenominou profeta, ficando famoso pelas pinturas e mensagens de amor e bondade que deixou gravadas nos pilares do Elevado do Caju, na zona portuária do Rio. Deu sexto lugar, mas assombrou a todos por fazer um homem voar em plena avenida. Um dublê de astronauta, Eric Scott, vestia uma mochila que, movida por refinada tecnologia, o fez cruzar voando a Marquês de Sapucaí de ponta a ponta. Foi uma verdadeira apoteose! No fim, sem conseguir voltar entre as campeãs, o carnavalesco ganhou o apoio do povo e da imprensa: "A sorte é que para cada vitória de Rosa Magalhães, há sempre um Joãosinho Trinta disposto a fazer o homem voar", decretou o colunista Artur Xexéo (O Globo, 04 de março de 2001). Pano rápido.

No ano seguinte, bolou uma releitura de *O Rei de França na ilha da assombração* (Salgueiro, 1974) com *Os papagaios amarelos nas terras encantadas do Maranhão*. Teve homem voando de novo, mas nova frustração: sétimo lugar. João chegou a faturar uma terceira colocação com *O nosso Brasil que vale* (2003), tema assumidamente patrocinado pela Companhia Vale do Rio Doce (cerca de R$ 2 milhões), mas teve uma melancólica despedida da Grande Rio em 2004 com *Vamos vestir a camisinha, meu amor*, enredo panfletário e apelativo sobre o uso de preservativos, em que de novo enfrentou o fantasma da censura. Décimo lugar.

De lá, transferiu-se para a Unidos de Vila Isabel, que regressava ao grupo de elite após ter sido rebaixada no ano 2000. O enredo *Singrando os mares bravios... construindo o futuro* falava das grandes navegações, mas a saúde do carnavalesco foi quem naufragou. Um novo acidente vascular cerebral três meses antes da folia, dessa vez bem mais forte do que o primeiro, deixou Joãosinho um ano internado. Só conseguiu voltar à avenida em 2006, já numa cadeira de rodas. Saiu à frente de *Soy loco por ti, América*, de Alexandre Louzada, segundo campeonato da Vila Isabel e do carnavalesco. Entre pioras e melhoras, a estrela de João se apagou em definitivo no dia 17 de dezembro de 2011. A *causa mortis* foi choque séptico secundário à pneumonia e à infecção urinária, de acordo com o boletim médico do hospital UDI, localizado na sua São Luís do Maranhão, que nunca deixou de homenagear. Em 2012, na carona de um enredo sobre a capital maranhense, a Beija-Flor encerrou seu desfile com um carro alegórico todinho dedicado ao seu maior gênio.

Eis os 2000, das comissões, dos patrocínios e de um renovador

Arte x caça-níquel

COM A ABERTURA DAS escolas para o capital dos novíssimos mecenas – empresários, prefeitos, todos em busca de 80 minutos de promoção –, o quesito enredo foi dos mais sacrificados. De gás de Coari a passeios turísticos que os melhores guias não indicariam nem mesmo para seus inimigos, caiu por terra a máxima de que o espetáculo da avenida – luz, câmeras e baticum – também precisa de uma boa história para contar. Muito já se falou acerca do mau aproveitamento do produto carnaval (captadores despreparados, estratégias de *marketing* insanas), mas houve também a contratendência, quase sempre nas mãos dos gênios embalados por Pamplona. O Salgueiro, por exemplo, foi voz diferenciada na maioria dos enredos assinados por Renato Lage (acompanhado de Márcia Lage, sua esposa) desde que voltou a bater ponto por lá, em 2003. Percebam a variação temática salgueirense a partir do carnaval do cinquentenário da escola: fogo (2005), Candaces (2007), Rio de Janeiro (2008), Tambor (2009), literatura de cordel (2010). Ora, até quando o patrocínio ditou as regras, como no caso do enredo de 2004 – sobre a cana-de-açúcar –, buscou-se uma boa saída histórico-cultural que, ao menos, permitisse uma mensagem de conteúdo robusto para o público. E até os carnavais que não deram certo – caso de *Microcosmos* (2006) e *Histórias sem fim* (2010) – traziam, sim, o romântico desejo de imprimirem suas marcas, colorindo a avenida com qualquer mínimo sopro de novidade. A partir sobretudo de 2013, porém, a escola se abriu completamente ao capital de fora, com enredos em parte delineados por marcas como Revista Caras e Nissan.

O caso do *Rio no cinema* (2011) é emblemático: a partir de um patrocínio, foi desenvolvido, possivelmente, o mais original entre os enredos daquela folia. Renato voltaria a ganhar após os anos de ouro da Mocidade apenas em 2009 com o enredo *Tambor*, contando a história do instrumento e dos batuques desde os primórdios. Distante dali, Rosa Magalhães, mesmo sem esconder ano a ano o desgaste de seu casório com a Imperatriz, sempre insistiu na tecla cultural de suas propostas. De enredo sobre pirataria (2003) a uma homenagem patrocinada que misturava Hans Cristian Andersen com Monteiro Lobato numa delirante mistura fabulística (2005), passando por uma divina brincadeira com personagens históricos que chamou de *João e Marias* (2008), dentre outros, a carnavalesca sempre buscou um caminho alternativo à tendência fria de se homenagear cidades começando com índios e terminando em bolo gigante com velas e parabéns. Em 2008, um brilho fora da passarela: ganhou um prêmio Emmy pelos figurinos que desenhou para a abertura dos Jogos Pan-Americanos do Rio (2007). Saiu da Imperatriz em 2009, passou rapidamente pela União da Ilha no comando de um carnaval sobre a história de Dom Quixote (2010) e terminou em Vila Isabel na folia seguinte. Lá, ganhou o terceiro título da escola (e o seu sétimo) em 2013, 12 anos após o último caneco pela Verde-e-Branco de Ramos: *A Vila canta o Brasil, celeiro do mundo: água no feijão que chegou mais um*, visão idílica do homem do campo. Tornou-se a única artista, entre homens e mulheres, a ganhar em quatro décadas distintas, prova cabal de que soube acompanhar as transformações da folia melhor do que ninguém. Joãosinho, Arlindo e Julinho da Mangueira foram vitoriosos em três décadas sequenciadas.

Se dois dos gênios buscavam a criatividade, driblavam patrocínios, mas pouco ganharam carnavais no século XXI, a comissão da Beija-Flor, capitaneada por Laíla, foi a grande campeã da década. E sem vergonha de estampar enredos que traziam vultosas cifras na bagagem. De 2003 a 2014 arrebanhou simplesmente seis títulos, metade das folias no período – feito que impressionaria até mesmo Joãosinho Trinta. No tricampeonato da Imperatriz (1999-2000-2001), a Azul-e-Branco da Baixada havia sido trivice. Laíla não se conformava: "Parece coisa de vascaíno", disse ele após o resultado de 2001, fazendo alusão à série histórica de derrotas em finais sofridas pelo time de São Januário para o rival Flamengo. Foi então que, a partir de 2003, resolveu ir à forra. Foram campeões naquele ano (*O povo conta a sua história: saco vazio não para em pé, a mão que faz a guerra, faz a paz*), além de em 2004 (*Manõa, Manaus, Amazônia, terra santa: alimenta o corpo, equilibra a alma e transmite a paz*) e 2005 (*O vento corta as terras dos Pampas: em nome do pai, do filho e do espírito Guarani, sete povos na fé e na dor... sete missões de amor*) – tricampeonato. Vale aqui mencionar as atuações de profissionais como Cid Carvalho que, a partir de 2007, se destacaria em carreira solo em outras agremiações e Fran Sérgio.

Depois, veio um bi – em 2007, *Áfricas, do berço real à corte brasiliana*, e em 2008, *Macapaba: equinócio solar, viagens fantásticas ao meio do mundo* –, com a presença de Alexandre Louzada na comissão. Ganharam ainda em 2011, com *A simplicidade do rei*, homenagem ao cantor e compositor Roberto Carlos. Apesar da característica "arrasa-quarteirão", quase nunca conseguiu ser a escola mais encantadora plasticamente, nem apresentou o melhor enredo um ano sequer. Mas a força dos seus sambas, o dinheiro obtido com patrocínios (os últimos quatro canecos foram todos financiados por parceiros) e a especial e incomparável preocupação com um trabalho de comunidade, canto e chão (quesitos harmonia, evolução e conjunto) fizeram da Beija-Flor e de sua comissão verdadeiras potências veneradas por todos os pares. Ou melhor, quase. Os filhos de Pamplona sempre torceram o nariz para o que convencionou-se chamar de "estética entulhada". Mas os jurados, a julgar pelos resultados, aprovaram. Quem se arriscaria a duelar com ela? Ora, um homem, e sozinho!, não titubeou e quis comprar essa briga. Talvez inspirado nos gênios, a partir de Pamplona, que ousaram a valer no palco iluminado. E ele ganharia o posto de grande estrela da folia contemporânea.

Paulo Barros, o renovador

QUANDO A UNIDOS DA TIJUCA pisou na avenida no dia 22 de fevereiro de 2004, um domingo que começou chuvoso, ninguém poderia imaginar que uma riquíssima página do carnaval seria escrita. Ela desfilou após a Caprichosos de Pilares homenagear a apresentadora Xuxa, desfile considerado desastroso. A posição das duas escolas (terceira e segunda agremiações, respectivamente) não parecia um caso do acaso. Para explicar, é preciso que voltemos um ano no tempo. Em 2003, o carnavalesco Paulo Barros fizera um desfile arrebatador no Grupo de Acesso para a escola de samba Paraíso do Tuiuti, cujo enredo homenageava o pintor Cândido Portinari. O artista utilizara o que denominou "alegorias humanas", quando os próprios componentes, de forma coreografada ou camuflados em meio aos carros, configuravam-se elementos de mais importância do que esculturas e outros adereços. Trocando em miúdos, eles eram as próprias alegorias, as peças de composição, a vida de todo aquele conjunto cênico errante. Foi um choque e desvario notar, por exemplo, que as esculturas de um carro repleto de espantalhos não eram... esculturas, e, sim, componentes com movimentação sincronizada. No Sábado das Campeãs, a direção da Caprichosos tratou de contratá-lo, com toda a pompa e circunstância, para assumir a escola no ano seguinte. Saiu do camarote do presidente com um sorriso de orelha a orelha, camisa da escola e a certeza da estreia no Especial. Mas o tempo logo fechou. Uma reviravolta jamais explicada fez Cahê Rodrigues, que havia assinado o carnaval da Acadêmicos de Santa Cruz em 2003, assumir a Pilares. Paulo Barros ficou arrasado, mas logo surgiria uma nova proposta: fazer a Unidos da Tijuca, que dispensara Milton Cunha. Ele, claro, aceitou.

E aí voltamos ao começo do parágrafo anterior: "Quando a Unidos da Tijuca pisou na avenida...", enfim, quando o desfile começou – o enredo era *O sonho da criação, a criação do sonho: a arte da ciência no tempo do impossível*, sobre as conquistas científicas do homem –, a folia viu seu novo ponto de inflexão através de uma alegoria que representava o DNA do homem, o carro do DNA, como ficou conhecido. Não, ele não tinha nada demais e, ao mesmo tempo, tinha tudo: uma pirâmide humana de 127 componentes coreografados (e pintados de azul) que, perfeitamente ensaiados, entregavam, com um balé de mãos, uma visão surrealista do código genético humano. O público veio abaixo. Outras arrojadas inovações consorciadas com uma excelente apresentação de chão deram à Tijuca um surpreendente vice-campeonato. A escola em que já haviam trabalhado nomes de peso, como Renato Lage, Chico Spinosa e Oswaldo Jardim (este último, conhecido pela habilidade para confeccionar elementos de espuma, falecido em 2003), descobrira sua arte-final, pulando para o time dos protagonistas ao sacudir a viciada estrutura estética da festa. Comissário de bordo da Varig por 14 anos, de 1983 a 1997, Paulo apaixonara-se pelo carnaval carioca aos 13 anos. Nessa idade, começou a acompanhar os preparativos para o desfile da Beija-Flor de Nilópolis, agremiação-vitrine da cidade onde nasceu e foi criado. "Nas vésperas do desfile, o Farid [Abrahão David, irmão de Anísio, patrono da Beija-Flor] fazia um mutirão para ajudar a preparar a escola. Eu sempre ia", lembra. Foi na Vizinha Faladeira, em 1994, que assinou seu primeiro trabalho.

"O Grupo de Acesso foi minha universidade. Aprendi a trabalhar com poucos recursos", afirmou para a Isto é (08 de março de 2004), logo após o vice-campeonato. Ninguém mais o seguraria.

Não faltou alfinetada para a Caprichosos, que quase foi rebaixada na ocasião, perigo consumado dois anos mais tarde: "De fato, não me sentiria bem fazendo uma pirâmide de paquitas...". No ano seguinte, para calar a patrulha dos que achavam que o segundo café não seria tão bom quanto o primeiro, fez *Entrou por um lado, saiu pelo outro... Quem quiser que invente outro*, sobre lugares imaginários. Uma alegoria em alusão ao Mágico de Oz seria destaque: uma enorme escultura do homem de lata toda feita de panelas servia de palco para Dorothy e toda a turma. Mais uma vez, o artista abusou das alegorias vivas: o abre-alas, um pavão gigantesco, trazia uma cauda todinha formada por componentes que carregavam pompons. Novo vice.

Em 2006, ainda na Tijuca, fez *Ouvindo tudo que vejo, vou vendo tudo que ouço*, homenagem a todos os tipos de música, mas a partir do efeito que provocam nas pessoas. Teve abre-alas gramofone (intitulado *Resumo da Ópera* e que rendia homenagem a Mozart), dúzias de fuscões pretos empilhados lembrando a famosa canção brega, e até uma homenagem ao filme E.T., referência às trilhas sonoras do cinema. Saiu aclamada da avenida, mas tirou apenas um sexto lugar.

No ano seguinte, a Unidos do Viradouro comprou o passe – àquela altura já pra lá de inflacionado – do carnavalesco, transação que pegou de surpresa o mundo do samba e parecia o empurrãozinho definitivo para o primeiro título dele. Nas rodas de conversa, muitas questões: quem sentiria mais o afastamento? Tijuca ou Paulo? Quem detinha o estilo tão peculiar? A instituição, àquela altura renovada? Ou a patente das alegorias vivas trazia incrustada o CPF do artista? Na escola do Borel, Luiz Carlos Bruno foi alçado à condição de carnavalesco, apresentado à imprensa como o "segredo" por trás do gênio (ele havia sido diretor da escola nos anos anteriores e uma importante peça da maquinaria de inovações tijucana). Sim, você já leu história parecida páginas atrás. Chamaram também outro artista, Lane Santana, e a dupla bolou um enredo sobre a história da fotografia. Já Barros levou para Niterói o tema *A Viradouro vira o jogo*, homenagem aos jogos

– de azar, esportivos, eletrônicos. Entrou na avenida com o colar do favoritismo: teve carro invertido – um castelo de cartas construído de pernas (rodas) pro ar, quadro síntese do enredo –, a bateria desfilou em cima de uma alegoria e até a porta-bandeira, Simone, foi alvo de experimentação visual com uma saia em forma de roleta que soltava fogos. O povão gostou, mas a apresentação não chegou a emocionar o júri: quinto lugar. Ironia do destino, a Unidos da Tijuca ficou em quarto e pareceu sobreviver com dignidade sem a presença do seu renovador.

Em 2008, Paulo Barros concebeu *É de arrepiar*, enredo que misturava diferentes sensações de arrepio. No pré-carnaval, polêmica: um carro sobre o holocausto gerou pesadas críticas ao carnavalesco e à escola. A Federação Israelita torceu o nariz para a representação, que traria a figura do líder nazista Adolf Hitler e esculturas de judeus mortos. Seria o "arrepio da execução". Com medo de multa e do fel da opinião pública, a Viradouro mudou a alegoria às pressas e, em dois dias, ergueu um novo arrepio – execução da liberdade. Ao centro, a figura de Tiradentes, enforcado, por sobre vários componentes com a boca lacrada. No alto, uma inscrição criticava a suposta censura à escola: "Liberdade ainda que tardia". A cena da destruição da alegoria original no barracão foi destaque na imprensa e até capa da revista Época. Paulo Barros chorou copiosamente em uma reportagem para a Globo News, enquanto as esculturas das vítimas do nazismo eram arrancadas e destruídas pelos operários. Na avenida, a mensagem de Paulo não foi tão bem compreendida pelos julgadores e pelo público: sétimo lugar. No final de junho, já com o enredo de 2009 encomendado, o então presidente da Viradouro, Marco Lira, por telefone, demitiu o carnavalesco. Os bicheiros se alvoroçaram e logo arrumaram uma vaga para Paulo Barros na Vila Isabel. A escola já tinha profissional contratado – "Como imaginar uma folia sem o novo gênio?", pensaram – e tratou-se de forçar a barra de uma parceria entre ele e Alex de Souza, que dava expediente na escola do Boulevard. O resultado da improvável dupla foi o belíssimo carnaval sobre os 100 anos do Teatro Municipal do Rio de Janeiro. E um quarto lugar.

Como a Tijuca havia ficado na décima colocação, escola e carnavalesco perceberam que, novamente juntos, seriam mais fortes. Talvez indestrutíveis, após três anos de separação que, fatalmente, conferiram mais tarimba para ambos. Contrato e paz selada, lá estava Paulo Barros de volta à escola do Pavão, sua melhor casa no Grupo Especial, e mais animado do que nunca. Escolheu o enredo É segredo, homenagem aos maiores segredos e mistérios da humanidade. Tinha tudo pra dar certo. Mas deu muito mais. Logo no começo, uma histórica comissão de frente trocava de roupa em plena avenida sem que ninguém percebesse a maneira como se dava a mudança. A mágica foi tão perfeita que a Apoteose não precisou nem ver ao vivo: já no começo do desfile, vidrada nos enormes telões instalados no fim da pista, deixou ecoar um histérico grito de "É campeão". Seguiu-se um desfile histórico, com acabamento primoroso e muita criatividade. Venceu de forma unânime, primeiro título de Barros e o segundo da Tijuca, que faturara o caneco no longínquo 1936 com *Sonhos delirantes*. Mas aquela segunda vitória é que parecia um sonho. Paulo, agora, completava a peça faltante a ele e à escola. Consagrou seu estilo, calou os críticos e, do alto do pódio, selou a condição de dono do carnaval do Rio.

E veio a busca pelo bi. O enredo era *Esta noite levarei sua alma*, sobre o medo provocado por diversos filmes de terror do cinema mundial. O principal desafio seria repetir o feito de 2010. Uma nova comissão fantástica – dessa vez, com os componentes vestidos de zumbis saídos da tela do cinema – fazia parecer que suas cabeças eram descoladas do corpo. Assombro! Lá estava a escola outra vez nos braços do povo. Mas o enredo soou um pouco confuso: alguns filmes que não tinham a ver com terror apareciam citados em meio ao desfile e o Borel perdeu para a Beija-Flor de Nilópolis, que homenageou o Rei Roberto Carlos. Paulo Barros não se conformou e fez críticas públicas ao corpo julgador. Ganhou, porém, quase todos os prêmios populares, consolação para quem nunca deixou de acreditar na própria arte. Laíla, todo-poderoso diretor da escola de Nilópolis, resolveu alfinetar a rival. "Não faço espetáculo, faço carnaval. Se fizesse outra coisa, seria para Las Vegas". Saiu vaiado de uma premiação após o discurso, mas ficou por aí a troca de farpas.

Em 2012, com orçamento de R$ 10 milhões, a Tijuca levou para avenida o centenário do compositor Luiz Gonzaga, mas de uma forma, como era de se esperar, nada convencional. Com o título *O dia em que toda a realeza desembarcou na avenida para coroar o Rei Luiz do Sertão*, misturou vários "monarcas" – da música, do futebol, da Inglaterra – para homenagear Gonzagão. Novamente sobrou arrojo estético, apesar das críticas recebidas pela última alegoria (que trazia o genial "Lua" suspenso por um guindaste mal acabado), e a escola foi a grande campeã de novo. Em 2013, um enredo sobre a Alemanha deu à Amarelo-e-Azul o terceiro lugar. Dessa vez, não houve reclamação de Paulo Barros – perdera, com justiça, para Rosa Magalhães, uma de suas referências. Sua nova vitória naquele ano veio diante de uma arquibancada, só que num campo de futebol: assinou a cerimônia de abertura da Copa das Confederações, em Brasília.

Mas seu negócio sempre foi mesmo a avenida e tão logo os preparativos do carnaval 2014 começaram, a Tijuca e ele saíram na frente a bordo de uma ousada proposta: uma homenagem póstuma a Ayrton Senna, um dos maiores ídolos brasileiros. Beija-Flor e Imperatriz também abraçaram homenagens. A escola de Nilópolis resolveu falar de José Bonifácio de Oliveira Sobrinho, o Boni, todo-poderoso ex-vice-presidente de operações da Rede Globo de Televisão. Já a Imperatriz, consagrada historicamente por enredos de baixo apelo popular, apostou em uma guinada estilística: um enredo sobre Arthur Antunes Coimbra, o grande Zico, ídolo do Flamengo. No fim das contas, deu Paulo de novo e mais um caneco para a Tijuca, o quarto dela. A Beija-Flor, cuja última vez fora do Sábado das Campeãs havia sido em 1992 (ironia do destino, também com um enredo que aludia à televisão), amargou um sétimo lugar. A reclamação de Boni para as notas dos jurados – a escola só foi tomar a primeira nota 10 na apuração (em mestre-sala e porta-bandeira) após a leitura completa de três quesitos (enredo, fantasias, e alegorias e adereços) – marcou as Cinzas: "Os jurados combinaram o resultado", disse ele, sem provar nada, em entrevista para o jornal O Globo (11 de março de 2014). Soou como chororô de mau perdedor.

Fernando Horta, presidente da Tijuca, não perdoou: "Senna é muito melhor do que Boni e Zico juntos". A Imperatriz, do carnavalesco Cahê Rodrigues – que contou a vida de Zico de uma forma lúdica e metafórica, como uma espécie de "gata borralheira" dos gramados –, desfilou bem, mas um buraco histórico à frente da alegoria que trazia o homenageado acabou com a chance do título sonhado pelo botafoguense manda-chuva Luiz Pacheco Drumond: quinto lugar. O carnaval 2014 foi marcado por grandes desfiles do Salgueiro (carnavalescos Renato Lage e Márcia Lage), de uma revigorada Portela e sua nova administração (carnavalesco Alexandre Louzada) e pelo brilho de profissionais mais novos que mostraram trabalhos capazes de disputar o topo (Alex de Souza, com um enredo infantil na União da Ilha, e Fábio Ricardo, que produziu um belo desfile para a Grande Rio, apesar de um complicado enredo patrocinado que misturava a cidade fluminense de Maricá e a cantora Maysa).

A Vila Isabel, que vinha de título, protagonizou um dos maiores vexames da história, desfilando com fantasias e carros incompletos. Quase caiu, mas acabou salva por notas altas inexplicáveis, como um grau 10 em alegorias e adereços, rabiscado pela jurada Helenise Guimarães. Já a Mocidade Independente viu na renúncia de Paulo Vianna, presidente que em dez anos não conseguiu classificá-la entre as melhores, uma chance de reconquistar seu espaço de destaque. Apesar dos comentários no pré-carnaval, que a apontavam como favorita ao descenso, conseguiu em um mês colocar uma apresentação digna na pista. O motivo foi a volta, às pressas, de um namoro controverso, mas que garantiu suas maiores glórias por três décadas seguidas: o patronato. Sobrinho do lendário bicheiro Castor de Andrade, Rogério de Andrade (inocentado das acusações de assassinato de Paulo de Andrade, filho de Castor), resolveu assumir a agremiação, com ampla injeção financeira aos 45 do segundo tempo. Nono lugar.

Passadas as Cinzas, Rogério concretizou um lance até então impensável: com cifras que, segundo especulações da imprensa, chegaram a R$ 2 milhões, comprou o passe do carnavalesco Paulo Barros, que resolveu levar para a avenida um tema autoral ligado ao fim do mundo: *Se o mundo fosse acabar, me diz o que você faria*, assumida inspiração na música de Paulinho Moska. Dez anos após a Tijuca virar protagonista da folia e a Mocidade, então estrela, amargar incômodo ostracismo, a roda-viva aprontou das suas. Mas o que o futuro reserva? Hoje, o carnaval atingiu um patamar financeiro e de exposição nunca antes visto, é transmitido mundialmente, mas a renovação artística ainda parece estacionada. À exceção de Barros, é nítida a ausência de novos artistas autorais e revolucionários. Nada mais sintomático do que Rosa Magalhães e Renato Lage, na estrada há mais de 30 anos, seguirem na dianteira vanguardista. Onde estarão os novos cravos e rosas e os melhores frutos da imaginação?

As novas gerações, a despeito dos interessantes trabalhos de alguns novos nomes em 2014, muito copiam e pouco criam, reflexo de uma sociedade longe de abraçar a criatividade e, para piorar a receita, excessivamente politicamente correta. Enredos patrocinados, arranjados e enrolados têm enjaulado a folia e poucos acreditam em estilos próprios. Estariam então os carnavalescos perdendo terreno para os diretores de *marketing* de empresas que buscam promoção no carnaval? Ou mesmo para políticos caçadores de votos que despejam milhões nos chamados enredos-CEP? Fica um clamor pela arte, pelos artistas do povo e a homenagem a Fernando Pamplona, o pai de todos os carnavalescos, falecido em 29 de setembro de 2013 e escolhido para enredo da São Clemente em 2015.

A ele e também a Joãosinho Trinta, Arlindo Rodrigues, Fernando Pinto, Rosa Magalhães, Renato Lage, Paulo Barros, Maria Augusta Rodrigues, Julinho da Mangueira, Viriato Ferreira, Max Lopes e tantos, tantos imortais.

REFERÊNCIAS BIBLIOGRÁFICAS

AUGRAS, Monique. *O Brasil do samba-enredo*. Rio de Janeiro: Fundação Getúlio Vargas, 1998.

BARROS, Paulo. *Paulo Barros sem segredo – estratégia, inovação e criatividade*. Rio de Janeiro: Casa da Palavra, 2013.

BRUNO, Leonardo. *Explode, coração*. Rio de Janeiro: Verso Brasil, 2013. Cadernos de Samba.

CABRAL, Sérgio. *As escolas de samba: o quê, quem, como, quando e por quê*. Rio de Janeiro: Fontana, 1974.

______. *As escolas de samba do Rio de Janeiro*. 2. ed. Rio de Janeiro: Lumiar, 1996.

CAMÕES, Marcelo; FABATO, Fábio; FARIAS, Julio César; NATAL, Vinícius; SIMAS, Luiz Antonio. *As titias da folia: o brilho maduro de escolas de samba de alta idade*. Rio de Janeiro: Nova Terra, 2014.

CAVALCANTI, Maria Laura Viveiros de Castro. *Carnaval carioca: dos bastidores ao desfile*. 2. ed. Rio de Janeiro: Ed. UFRJ, 1995.

COSTA, Haroldo. *Salgueiro, academia do samba*. Rio de Janeiro: Record, 1984.

CUNHA JR., Milton. *A rapsódia brasileira de Joãosinho Trinta: um grande leitor do Brasil*. Tese (Doutorado em Letras). Programa de Pós-Graduação em Ciência da Literatura, Faculdade de Letras, Universidade Federal do Rio de Janeiro, Rio de Janeiro, 2010.

DINIZ, Alan; FABATO, Fábio; MEDEIROS, Alexandre. *As três irmãs: como um trio de penetras "arrombou a festa"*. Rio de Janeiro: Nova Terra, 2012.

FABATO, Fábio. O ineditismo da relação Porto da Pedra-Danone. *Galeria do Samba*, 09 ago. 2011. Disponível em: http://camadegato.galeriadosamba.com.br/.

FERREIRA, Felipe. *O livro de ouro do carnaval brasileiro*. Rio de Janeiro: Ediouro, 2004.

GOMES, Fábio. *O Brasil é um luxo: trinta carnavais de Joãosinho Trinta*. São Paulo: CBPC/Axis, 2008.

HOFF, Tânia Márcia. *Globalização e identidade cultural brasileira na publicidade*. Disponível em: encipecom.metodista.br/mediawiki/images/8/81/GT4_-_007.pdf. Último acesso em 19 fev. 2014.

LOPES, Nei. *O samba na realidade*. Rio de Janeiro: CODECRI, 1981.

MOTTA, Aydano André. *Maravilhosa e soberana*. Rio de Janeiro: Verso Brasil, 2012. *Cadernos de Samba*.

MUSSA, Alberto; SIMAS, Luiz Antonio. *Samba de enredo: história e arte*. Rio de Janeiro: Civilização Brasileira, 2010.

PAMPLONA, Fernando. *O encarnado e o branco*. Rio de Janeiro: Nova Terra, 2013.

_____. *Julinho, o artista do povo*. [s. l.: s. n., s. d.].

PEREIRA, Bárbara. *Estrela que me faz sonhar*. Rio de Janeiro: Verso Brasil, 2013. Cadernos de Samba.

SANTOS, Nilton. *A arte do efêmero: carnavalescos e mediação cultural no Rio de Janeiro*. Rio de Janeiro: Editora Apicuri, 2009.

SIMAS, Luiz Antonio. *Tantas páginas belas*. Rio de Janeiro: Verso Brasil, 2012. Cadernos de Samba.

SOUSA, João Gustavo Martins Melo de. *Na vida, um mendigo. Na folia, um rei!*. Fortaleza: Universidade Federal do Ceará, 2000 (mimeo.).

SOUZA, Marina de Mello e. *África e Brasil africano*. São Paulo: Ática, 2006.

TRINTA, Joãosinho. *A magia do carnaval brasileiro*. In: MOREIRA, Maria José. *Visões do carnaval brasileiro*. Ministério das Relações Exteriores, 2004.

VALENÇA, Rachel e VALENÇA, Suetônio. *Serra, serrinha, serrano: o império do samba*. Rio de Janeiro: José Olympio, 1981.

ACERVOS DA IMPRENSA

Folha de São Paulo
Jornal do Brasil
O Globo
Isto é
Veja

SITE

Galeria do Samba
(www.galeriadosamba.com.br)

Este livro foi impresso pela gráfica Rotaplan em 2015, 76 anos depois do desfile da Portela com o enredo *Teste ao Samba*, sob a batuta de Paulo da Portela, e 55 anos depois do primeiro carnaval elaborado por Fernando Pamplona, *Quilombo dos Palmares*, do Salgueiro.
Para contar a história dos enredos e de seus artistas utilizamos a fonte Dante no corpo do texto e Sentinel nos títulos. O miolo foi impresso em papel pólen bold 70g/m² e a capa em triplex 300g/m².